LES RÉPUBLICAINS

DU MÊME AUTEUR

AUX ÉDITIONS GALLIMARD

Saint-Simon ou L'encre de la subversion, essai, collection L'Infini, 1994
Pour Guy Debord, essai, collection L'Infini, 1996
Le Musée national, roman, 2000
L'Écrivain le plus libre, essai, collection L'Infini, 2004
Sans entraves et sans temps morts, articles et essais, 2009

AUX ÉDITIONS GRASSET

Warhol Spirit, essai, 2008 (prix Médicis de l'essai)
Animaux & Cie (avec Nicolas Guilbert), 2010
Réanimation, Récit, 2012
Sans entraves et sans temps morts II, articles et essais, 2015

AUX ÉDITIONS ROBERT LAFFONT/ FRANCE CULTURE

La Boîte à lettres, les plus belles lettres manuscrites de Voltaire à Edith Piaf, 2014

Préfaces

Jack-Alain Léger, Le *Siècle des Ténèbres*, Le *Roman*, *Jacob Jacobi*, Denoël, 2006
Cinquante lettres du marquis de Sade à sa femme, Flammarion, 2009
Vladimir Nabokov, *Littératures*, coll. Bouquins, Robert Laffont, 2010
Édith Piaf, *Mon amour bleu, lettres inédites*, Grasset, 2011
Leopold von Sacher-Masoch, *Œuvres maîtresses*, coll. Bouquins, Robert Laffont, 2013
Louis-Charles Fougeret de Monbron, *Le Cosmopolite ou le citoyen du Monde*, Rivages poche, 2014
Bret Easton Ellis, *Œuvres complètes*, coll. Bouquins, Robert Laffont, 2016

Postface

Nicolas Guilbert, *Paris Paradis*, Flammarion, 2015

CÉCILE GUILBERT

LES RÉPUBLICAINS

roman

BERNARD GRASSET
PARIS

ISBN : 978-2-246-85299-5

« Le pouvoir réside là où les hommes s'imaginent qu'il doit résider : c'est un leurre, une ombre sur le mur… Et un très petit homme projette quelquefois une très grande ombre. »

Varys dit « L'Araignée »,
Game of Thrones, saison 2, épisode 3

« Quand on est au bas de l'échelle sociale, Balzac, ça pulse. »

« off » de Nicolas Sarkozy, 24 mai 2016

DIX-SEPT HEURES

Longtemps, mon existence a été si romanesque que j'ai préféré la vivre au lieu de l'écrire. Jusqu'au jour où, sortant de l'appartement de Thierry Ardisson, alors que je venais de souffrir mille morts en une heure et de trébucher sur un câble électrique qui serpentait sur la moquette prune, étourdie par la lumière trop crue des spots et les piapias de bonne humeur aussi énervants que les rires préenregistrés d'une sitcom, tout m'est revenu, juste à l'oreille.

— Non, je n'y crois pas, la fille en noir !

Depuis combien de temps n'avais-je pas entendu cette expression ? Et sonner cette voix sourde qui n'avait jamais eu l'énergie de son corps ? Je me retournai pour envisager le regard clair sous les paupières remontées au bistouri. Le ravinement à peine perceptible du front. Les rides estompées du lion. La légère voussure de l'ancien jeune homme pressé, précis, pressant. Il en avait conservé le pas hardi, la sveltesse. Et par miracle presque tous les cheveux. Mais aussi cette allure volontaire qui jadis pompait l'air partout où il passait.

Il venait de grimper les quatre étages, à peine essoufflé, et réajustait d'un geste sec le nœud Windsor de sa cravate de soie puce. Je ne sus quoi répondre, me rétractant dans une coque de silence, ce que, dans l'embarras, je savais encore faire le mieux.

Le temps de laisser venir.

Et de compter.

Trente ans avaient passé.

Au mitan fatidique de la cinquantaine, un notable de la IVe République aurait affiché silhouette replète, pansue, trahissant ses ripailles aux banquets de sous-préfectures et autres chefs-lieux de cantons qui avaient mieux façonné la carte électorale du pays que tous les tripatouillages des Fouché s'étant succédé à Beauvau. Mais pas l'alerte Guillaume

Fronsac, car c'était bien lui, pour qui une silhouette de mannequin valait toutes les décorations. Souples et minces, ne faisant plus leur âge du moment que l'aisance faisait le reste, jamais les corps n'avaient autant muté qu'en ce grand moment de décomposition générale. Les visages retouchés masquaient le travail de la mort, pas d'inquiétude, les futurs cadavres porteraient beau dans leurs costards Slimane.

« Eh oui, c'est bien moi… enfin presque », finis-je par répondre. Car de « fille », j'étais devenue femme et avais changé de visage, sinon de corpulence, depuis le temps. Raccord avec mon sobriquet d'antan, je portais une robe de lainage noir, des collants opaques et des bottes noires.

Sur le palier où il raccompagnait les invités de son émission, Ardisson nous couvait d'une mine rigolarde et intriguée. Fascinée, j'observais de plus près ses innombrables petites dents alignées comme des perles dans sa mâchoire de squale. J'aimais bien ce Méphisto dandy qui avait dû verser pas mal de sirop dans son brûle-gueule mais conservait vaille que vaille son surplomb d'arrogance. L'air un poil plus sage en surface et toujours de ne craindre rien ni personne, on trouvait difficilement moins béni oui-oui niaiseux avec une telle longévité dans le PAF. Fronsac et moi échangions quelques banalités et force sourires quand l'animateur, curieux de cet impromptu et si grand pro des provocations stipendiées qu'il ne pouvait s'empêcher de les rafaler même en *off*, lança : « Qu'est-ce que vous avez à vous mater comme des carpes ? Vous avez couché ensemble dans une autre vie ? » À quoi nous répondîmes presque en chœur que cela ne le regardait pas. Puis, se jetant dans mon oreille, Fronsac y glissa en vitesse et sourdine : « Pardon, je suis venu voir Copé à qui j'ai un truc à dire mais je suis trop heureux de t'avoir retrouvée, tu m'attends en bas qu'on aille boire un verre pour fêter ça ? » Et sans attendre ma réponse, il s'engouffra d'un bond dans l'appartement. L'habitude de ceux qui n'ont pas besoin de commander pour être obéis ?

Je m'exécutai.

Guillaume Fronsac n'était pas qu'un courant d'air. C'était aussi un courant d'ombre. À l'inverse des anciens de notre promo de Sciences-Po qui se rappelaient à moi tous les dix ans et que je venais de retrouver le temps de ce revival de l'émission « 93, Faubourg Saint-Honoré » mixant *Perdu de vue* et *Copains d'avant*, il avait toujours été attiré par le pouvoir sans avoir jamais eu le désir d'agir sur l'avant-scène. Car en tout il préférait la coulisse, le secret, l'entre-deux paranoïde où l'on est plus souvent dupé par la défiance que par la confiance. Mais surtout, d'après ce que j'en avais entendu dire par la régie médiatique qui évoquait parfois son nom, cet énarque – qui était aussi normalien et pur produit de la méritocratie républicaine – avait fini par être possédé par l'ambition qu'on se découvre presque sans y penser, à force d'habileté couronnée de réussite : la plus dangereuse. Des mentors puissants et l'effacement du clivage droite-gauche avaient, dit-on, fait le reste. À part ça, j'ignorais quels avaient été les méandres de son parcours depuis tant de lustres. Et bien davantage encore, cela va sans dire, ce qu'il était venu comploter avec l'ex-Zorro des LR dans cet appartement situé à un jet de pierre de l'Élysée.

Encore un peu énervée par l'émission, en descente d'excitation mais réveillée par cette rencontre inopinée, je demeurais plantée sur le trottoir, un pas derrière le petit groupe qui refluait en bavardant. Ce n'étaient ni des amis ni des potes. Pas même d'anciens camarades. Hormis la pathétique Frigide Barjot à choucroute en pétard et colifichets *girly*, et cet éternel escogriffe de Beigbeder recroisé parfois dans les couloirs de notre éditeur quand il n'était pas en train de se remarier ou de bronzer à Bali, les autres m'étaient inconnus. Ou presque.

Si je n'avais pas le moindre souvenir de les avoir seulement *calculés* du temps de notre scolarité, ils étaient désormais si célèbres que découvrir *en vrai* leurs faces d'os et de chair provoquait une impression bizarre : un « déjà vu » sans le truc proustien de l'ancienne physionomie surnageant dans la nouvelle qui mesurait les ravages du temps.

Et pour cause.

Cela faisait vingt ans que les visages de Jean-François Copé, David Pujadas, et dans une moindre mesure d'Anne Roumanoff, s'affichaient sur les écrans.

Leurs bobines maquillées, arrangées, botoxées.

Leurs images lisses zoomées plein cadre à la télé.

Leurs photos retouchées plein pot dans les hebdos.

Leurs masques.

À eux seuls, les noms de ce trio comico-politico-journalistique, dont chacun aurait pu peu ou prou endosser la spécialité des deux autres, fournissaient, avec l'égérie cathomophobe de la *Manif pour tous* et l'auteur *people* déconneur, un bon résumé du show que nous venions d'enregistrer : un peu foutraque sur la forme, d'une logique « people » de fer sur le fond. Un excellent concept, cette promo 1986.

Du lourd.

Auquel manquaient ce soir-là l'aimable Alexandre Jardin et l'ambitieuse Laurence Parisot, l'ex-patronne du MEDEF, mais pas la caution du clair-obscur incarnée par Stéphane Fouks, ancien rocardien, fils spirituel de Séguéla, l'homme aux vingt campagnes présidentielles qui aurait vendu une télé couleurs à un aveugle mais n'avait pas trompé Sarko sur la came en lui présentant Carla.

Longtemps conseiller de DSK, *spin doctor* du CAC et *coach* de crise, Fouks jouissait aux yeux des autres, non du prestige retors de Mazarin, n'exagérons rien, mais de l'aura d'un maître réseauteur au carnet d'adresses aussi épais qu'un Bottin. Et, *last but not least*, de l'amitié indéfectible du pion martial nommé Premier ministre malgré ses 5 % aux primaires, hidalgo vindicatif dont chaque discours menton levé délivrait un déluge de béton. Le pauvre n'avait jamais compris qu'une armure trop pesante rend immobile celui qui la porte.

Et moi, qu'est-ce que je foutais là, jouant à me souvenir d'eux parce qu'ils prétendaient aimablement se souvenir de moi et qu'il aurait été trop mortifiant que j'avoue mon amnésie ? Ma télégénie ? Mon job prestigieux ? Tu parles !

Essayiste respectée aux tirages dont je me serais presque vantée en rappelant qu'ils étaient à l'étiage de ceux de Stendhal en son temps, mon coefficient de surface médiatique avoisinait le zéro et je passais mal à l'écran quand on m'invitait. Pas assez contente d'y figurer mais cherchant à le masquer pour ne pas donner l'impression de cracher dans la soupe, j'affectais l'air dégagé, m'obligeais à sourire et à défroncer le sourcil quand j'avais la parole : faux naturel qui laissait vite revenir le vrai au galop dans son sérieux, son rugueux, son agacé mal dissimulé qu'aggravaient mon regard noir et ma voix de contralto. C'est simple, j'avais toujours l'air de mauvaise humeur ou d'engueuler quelqu'un. À côté, Yann Moix ressemblait à la fée Clochette. Après tout, me disais-je pour me ragaillardir, c'est un rôle comme un autre et la TV prouve à chaque instant que tous sont les bienvenus. On y trouve bien l'égaré balbutiant Modiano, le lutin sautillant Jean d'O., l'énervée douloureuse Angot, le faux abruti Houellebecq, le tonton pédago Orsenna… Pourquoi n'y trouverait-on pas plus loin, beaucoup plus loin, en queue de peloton et de classement, l'ombrageuse lettrée « en noir » ?

Mais là encore, je me racontais des histoires. Outre que je n'avais guère fait mon trou dans les ruines de ce que les clercs continuaient d'appeler la « République des Lettres », mes publications étaient si espacées dans le temps que le téléspectateur m'avait oubliée d'une promo l'autre. Du coup, tout était chaque fois à recommencer. Et ma prestation semblait toujours ratée.

La seule raison de mon invitation, c'est que j'avais tout de même écrit quelques essais percutants – sur Jonathan Swift, sur Marcel Duchamp – dont *La Fronde au fond de l'encrier ou la subversion selon Paul de Gondi, cardinal de Retz*, premier livre publié dix ans après ma sortie de la rue Saint-Guillaume par la « banque centrale », comme disait mon éditeur de l'époque. Régulièrement traité par la presse de *consigliere* ou de *capo dei tutti capi*, sa réputation de fine lame sur le front du goût m'avait conféré durant quelques années le respect du *milieu littéraire* – du moins de sa section labellisée « post-avant-garde classique » – avant de me plomber dans le bassin des piranhas. J'avais donc changé de boutique et m'en trouvais fort bien.

À ma grande surprise, Ardisson qui, durant l'émission, m'avait qualifiée devant les autres de « fille mystérieuse », avait également cité, pensant l'élucider, un extrait d'un de mes bouquins qui résumait crânement mon état d'esprit d'alors : *Je n'ai jamais vécu ailleurs que dans la société du spectacle. Ayant anéanti dans son ubiquité faste jusqu'à la possibilité même d'un ailleurs, elle a congédié toute velléité de congé et banni même l'idée qu'on puisse l'être. Mais je ne m'en plains pas. Que pourrais-je regretter, n'ayant rien connu d'autre ? Après tout, il est toujours excitant de vouloir sauver sa peau quand on cherche à vous la faire…*

Si je ne m'estimais pas encore tout à fait parvenue au stade de la « vieille peau », quoique consciente que les jeunes ayant aujourd'hui les vingt printemps que nous avions eus jadis étaient d'un avis contraire, j'avais désormais assez vécu pour me sentir mortelle et savoir que c'est moins la société du spectacle chère à Guy Debord que l'entropie qui vous tanne la vie, cette peau de chagrin. Estimant malgré tout l'avoir bien défendue, après être passée à travers bon nombre de cerceaux enflammés, j'en déduisais que, bloqué comme une mouche à miel dans son tropisme cathodique, Ardisson m'avait invitée pour servir d'alibi. Voire m'en faire rabattre. Afin qu'il ne soit pas dit que l'on peut échapper aux séductions du bocal à gogos. Ni prétendre s'absenter de cet empire omnipotent du visible dont le carbonaro du situationnisme avait justement affirmé que jamais le soleil ne s'y couche. Ce qui revenait à prouver que l'inclusion du poil à gratter était prévue par le programme ? Bien sûr. Mais c'était là une remarque digne des années 90. Autant dire de la préhistoire. On faisait depuis mieux et pire.

Aussi, qu'il était pitoyable et anachronique, ce plateau de quinquas venus échanger sur une chaîne du câble leurs maigres souvenirs potachiques ! Outre les audiences TV en chute libre, aucun de nous n'était devenu un grand homme d'État, une éminence panthéonisable, et nulle sentence impérissable n'était sortie de nos échanges décousus. Insignifiante, l'émission serait oubliée cinq minutes après sa diffusion, que dis-je cinq minutes ? Effacée du *temps de cerveau disponible* au fur et à mesure de son visionnage fractionné, plus ou moins zappé, comme les milliards d'images court-circuitées par les *tweets* et le *buzz* déchaîné des réseaux dont nous étions submergés en temps réel et en boucle. Car la célébrité du néant par le rien, comme disait Vialatte, c'était ça, le nouveau programme.

Fronsac tardait à me rejoindre. L'écran de mon téléphone affichait dix-sept heures quinze. Nous étions fin novembre et Paris s'enveloppait déjà dans la nuit. Un vent froid mordait mes oreilles. Deux voitures banalisées passèrent en trombe, sans girophares, sirènes hurlantes. J'observais à la dérobée mes anciens condisciples qui s'attardaient, m'évertuant à démêler la logique de l'accidentel dont procédait leur apparente complicité, peut-être même leur *connivence*.

Je m'étais un peu rencardée avant de venir. Ces six personnages de la « cratie » – démo & média – qui n'étaient pas en quête d'auteur mais de *followers*, en totalisaient presque 500 000 sur *Twitter*. Lesquels s'étaient revus depuis 1986 ? Continuaient de se fréquenter ? N'avaient jamais cessé ? À quelles occasions ? Quand et comment ? Dans ces matières, la nécessité a ses raisons que le hasard ne connaît pas. D'autant que l'élection présidentielle approchait, crise épileptoïde nationale qui promettait un degré d'incertitude inégalé dans les annales de la Ve République au couchant, menacée par la *barbarie djihadiste* et livrée aux pires surenchères *populistes*. S'apprêtant à y endosser divers jeux de rôle et de dupes, certains d'entre eux fourbissaient déjà leurs poignards.

Fouks s'était isolé depuis dix minutes sur un bout de trottoir avec Pujadas. L'homme qui s'était fait poser des implants capillaires par son pote Cahuzac papotait ferme avec celui qui avait les mêmes talonnettes que Sarko. La tête et les jambes ? *Des paroles et des actes* ?

J'entendais le rire moqueur de Beigbeder en plein délire avec Frigide Barjot, toujours minaudante, qui, après avoir servi de tête de gondole à un clergé frelaté en pleine déconfiture pédophilique, se sentait repousser des ailes maintenant que le paroissial et provincial Fillon était sur les starting-blocks. Sous son casque en pétard où s'affichait sa mine d'éternelle ravie, Anne Roumanoff rigolait de bon cœur à leurs vannes. Puis la haute stature de Copé s'encadra dans le porche, suivie par Fronsac qui lui serra furtivement l'épaule pour prendre congé, le rassurer ou le remercier. Il revenait vers moi quand le super loser de la primaire des LR, qui dépassait physiquement toutes les têtes, me lança d'une voix forte : « Alors adieu, la fille en noir ! »

J'y perçus une pointe de malice à laquelle je répondis bien droite d'un grand sourire, essuyant machinalement l'air de la main comme une idiote, ou la reine d'Angleterre.

— Tu le connais ? demanda aussitôt Fronsac en m'ouvrant la portière d'une berline noire à vitres opaques qui avait glissé à notre hauteur comme par magie.

— Non, il était dans la même section que nous à Sciences-Po, c'est tout, dis-je en pénétrant dans le véhicule.

Je le vis alors tapoter son smartphone, dire un mot au chauffeur, puis il me rejoignit à l'arrière et la voiture démarra.

DIX-SEPT HEURES TRENTE

Tu n'avais jamais couché avec Guillaume Fronsac. Tu aurais pu, car tu pouvais tout te permettre à l'époque. Or cette bagatelle ne s'était jamais produite. Faute du moment propice, de l'occasion qui, très souvent, c'est tout son charme, se charge d'électricité avant de renverser la pudeur en audace ?

Sans doute car élancé, mince, très brun, il te plaisait, c'est certain, mais pas au point de t'abaisser à le draguer. Du reste, ton type amoureux de jeunesse, celui que tu avais collectionné de quinze à vingt ans, c'était plutôt l'anarchiste déclamant les proses révoltées d'Antonin Artaud ou d'André Breton, remplacé parfois par l'illuminé fracassé d'amour pur à la Novalis. Des garçons qui t'écrivaient des lettres passionnées, des poèmes brûlants. Des fous d'absolu qu'on ne trouvait pas sous le premier imper *Burberry's* venu du VIIe arrondissement. Aussi, bien que vous ayez tous les deux frayé à l'école dans la section *Service Public*, tu avais, à vrai dire, assez peu fréquenté Fronsac, militant de gauche qui s'enivrait de virilité aventureuse en dévorant Romain Gary. Vous aviez, comme c'était l'usage, partagé des cours, des plans de dissertations, des fiches de lecture. Vous vous étiez aussi croisés dans pas mal de fêtes, mais tu ne l'avais, au fond, connu que de loin en loin, il y a très longtemps, dans cette autre vie qui promettait d'être sans fin comme cette artère luxueuse, grisante, dont les vitrines de Noël chamarrées d'or étincelaient de chaque côté de l'habitacle et semblaient éclairer vos visages à tour de rôle.

Après quelques minutes, tu t'étais demandé si tu roulais dans un véhicule de maître ou de fonction, un *Uber* ou *Le Cab*. Rien ne les distinguait à l'œil nu : mêmes berlines à vitres fumées, mêmes chauffeurs cravatés en costume sombre pour le chic, même confort moelleux, mêmes services de magazines et d'eaux minérales.

On ne pouvait pas savoir.

À défaut de vrais privilèges, chacun pouvait désormais s'en offrir les apparences.

Ou la falsification.

Mais paradoxalement, tant tu aimais d'ordinaire réfléchir à ces rubans de Moëbius qui scintillaient à l'endroit et l'envers de tout l'univers visible pour en brouiller la réalité et la signification, tu t'en foutais.

Fronsac était très gai.

— Je n'en reviens pas de t'avoir retrouvée, c'est tellement inattendu, tellement romanesque… La dernière fois qu'on s'est vus, c'était à l'écrit de droit public de l'ENA, non ?

— En effet, celui que tu as si brillamment réussi et moi raté.

Il marqua un silence gêné. Se souvenait-il que malgré ta note mirobolante en questions internationales, tu n'avais même pas été admissible aux oraux ? S'il avait su combien tu avais été soulagée de ne pas avoir à replonger dans ces matières austères qui n'auraient servi à rien d'autre qu'à t'assurer un gagne-pain. Quand DSK, diplômé de HEC, docteur en économie et polyglotte, fanfaronnait trente ans plus tôt qu'il s'était « donné les moyens de rater l'ENA », Montebourg, lui, avait pleuré comme un veau et fait un drame de s'être vautré à la porte du temple de l'élite républicaine. Pas toi. Ton échec ne t'avait coûté qu'en termes d'orgueil. Nullement d'ambition, dont de Gaulle disait qu'elle était une passion enfantine alors qu'il te semblait, bien au contraire, que le meilleur moyen de demeurer dans l'enfance consistait à ne surtout pas se laisser aspirer par cette fabrique de grandes personnes sérieuses qui s'appelait l'École Nationale d'Administration. Ni par elle, ni par le gros animal social.

Pour être honnête, tu rêvais d'avoir le concours, puis de démissionner avec éclat après quelques années passées aux Affaires étrangères pendant lesquelles tu aurais voyagé et écrit. À l'inverse, pensais-tu, vu sa carrière, Fronsac avait dû bien des fois sacrifier sa hauteur à sa bassesse. Tu conservas ces mauvaises pensées pour toi. Il serait toujours temps d'engager une franche conversation plus tard. Au nom de cette vieille camaraderie d'école dont tu espérais qu'elle ne servait pas seulement de marchepied, de passe-droit ou de sauf-conduit en politique comme en affaires, mais pourrait aussi, peut-être, établir entre vous un climat de confiance propice à la révélation de quelques vérités.

La voiture venait de dépasser la rue Boissy d'Anglas.

— Et où allons-nous ?

— Tout près, place des Pyramides, il y a un bar tranquille à l'hôtel Régina, on y sera au calme, ça te va ?

— Parfait.

La perspective du Régina, une nouveauté pour toi, te fit plaisir. Suscitant quelques pensées inavouables, franchir son seuil discret dissimulé sous les arcades t'excita. Par une étrange coïncidence, tu venais de lire, dans une édition défraîchie d'occasion, un petit récit brûlant intitulé *Un ami d'autrefois*. Paru sous le pseudonyme de Jeanne Dautun et situé au milieu des années 60, il racontait la liaison d'une femme écrivain avec un homme politique brillant rompu à toutes les intrigues, un prédateur voluptueux aux canines acérées, transposition transparente de François

Mitterrand. Après quelques déjeuners en forme de préliminaires dans des restaurants discrets de la Rive droite, le séducteur donnait finalement rendez-vous à sa future maîtresse en fin d'après-midi au bar d'un hôtel près de l'Opéra, puis l'entraînait dans une chambre *déjà* réservée dont il tenait *déjà* la clef dans sa poche…

Cette idée d'une coucherie possible avec Fronsac t'avait naturellement effleurée. Comme celle, en passant, de l'audacieuse Françoise Giroud en laquelle d'aucuns croyaient dur comme fer reconnaître Dautun, alors que ce pseudo désignait peut-être Benoîte Groult. Tu avais aussi pensé au mystère de ce prénom si français, Jeanne, que la vision de la statue dorée de la Pucelle sur la place des Pyramides avait ranimé. Mais ce qui t'avait surtout fait sourire sous cape, comme toutes les pensées d'autant plus jouissives que leur charge coupable demeure enfermée au fond de soi comme dans un coffre-fort, c'est cette phrase du livre qui t'avait trotté dans la tête et que tu te remémorais à présent, en pénétrant dans la chaude atmosphère du bar anglais dont les boiseries de chêne verni et les tentures de velours grenat répliquaient en tous points celui d'*Un ami d'autrefois* : *Il en va des amours comme des romans, il faut quelques pages de garde avant le début de l'aventure…*

En fait d'aventure opposable à la banalité bourgeoise d'un décor où s'étaient égayés des milliers de couples adultères, retomber sur Fronsac tant d'années plus tard en constituait une d'envergure. Trente ans : l'âge qu'aurait aujourd'hui l'enfant que vous auriez pu concevoir, avec dix ans de plus que celui que vous aviez en 1986. Quel vertige ! Mais à quoi bon ces calculs idiots puisque tu n'avais jamais voulu d'enfants ? Encore un truc qui devait te séparer de lui et de tes copains de promo dont tu aurais parié gros qu'ils avaient tous rêvé d'en faire avec une jolie bourgeoise BCBG prénommée Pauline ou Sophie…

Tu refoulas ce préjugé idiot dont tu avais néanmoins si souvent vérifié la conformité. Si ça se trouve, Fronsac était célibataire. Ou en couple sans enfants. Ou encore stérile. Voire gay.

Tu avais pourtant vu qu'il portait une alliance. Tu l'avais cherchée du regard et trouvée à son annulaire droit. Signe discret de protestantisme ? Séparation ou divorce en cours ? Une autre façon de brouiller les pistes ? Toi aussi tu en portais une, à gauche, collée à la fameuse *Vena Amoris* reliée au cœur, quoique toujours dissimulée par une grosse bague.

Le bar était presque vide. C'était encore l'heure du thé mais les habitués devaient préférer celle des cocktails. Tu retrouvas tes réflexes en élisant d'emblée, à gauche de l'entrée, un joli petit canapé flanqué de deux opulentes bergères qu'encadraient deux volées d'étagères couvertes de volumes reliés en maroquin pourpre. Fronsac s'installa sur l'une d'elles, posa son téléphone presque aussi large qu'une tablette sur la vitre du petit guéridon, puis se ravisa aussitôt et le rangea dans la poche intérieure de sa veste. Bon point pour lui : ce n'était ni un butor ni un cacou. Tu ne te soucias pas du tien qui gisait au fond de ton sac, un modèle si ancien qu'il n'avait plus la force de sonner, se contentant d'archiver les messages en silence et de te foutre la paix. De toute façon, hormis ton mari, tes amis et parfois ta mère, tous habitués à patienter, les appels importants étaient rares et tu n'étais pas du genre à te brancher sur des *alertes* ou des *breaking news*.

Une faible flamme vacillait dans un photophore opalescent. Jambes croisées, à l'aise, Fronsac te faisait face, portant beau avec son éternelle raie sage dans ses cheveux bruns. Évaluait-il l'ampleur des dégâts ? Faute d'argent, tu n'avais jamais fait appel aux seringues des dermatos. Et en eusses-tu eu les moyens, tu aurais sans doute refusé d'y recourir par esprit de bravoure. Pourtant, à cet instant, tu aurais aimé avoir les paupières moins lourdes, la peau du visage plus éclatante. Peut-être constatait-il aussi la maladresse avec laquelle tu t'étais débarrassée de l'épais fond de teint dont la maquilleuse t'avait plâtrée avant l'émission ? Pensant rentrer directement chez toi, tu n'avais pas soigné le fini et le regrettais. Puis il planta ses beaux yeux bleus dans les tiens, son regard s'allumant enfin sous un imperceptible mouvement des sourcils. Libre d'observer à ton tour son visage demeuré agréable, tu retrouvas entre ses tempes un peu grisonnantes ce frémissement inquiet de grand nerveux qui t'avait toujours émue.

— Alors, comment va la littérature ?

— Laquelle ?

— Celle qui te passionne, qui t'a toujours passionnée...

— Elle vit toujours, un peu comme les premiers catholiques des catacombes, mais c'est son destin, j'imagine...

— Je n'ai jamais eu l'occasion de te le dire, mais je t'ai lue dès la parution de ton premier livre, j'étais tellement curieux... Je me suis jeté sur ton Retz que j'ai dévoré, emporté par son enthousiasme, sa fougue...

— Merci, mais tu sais, l'excellence de certains modèles donne souvent des ailes, c'est prouvé, et peut-être une des raisons pour lesquelles on s'en empare, histoire de faire ses gammes et de s'augmenter...

— Non, vraiment, je t'ai admirée, c'était téméraire de se lancer dans l'écriture avec un sujet pareil, si exigeant et plutôt confidentiel, tu en conviendras... Note que j'en parle en connaissance de cause, je ne sais pas si tu l'as vu mais j'ai commis moi aussi, il y a quelques années, un petit bouquin sur l'autre grand Florentin de la politique, Machiavel bien sûr, pas Mitterrand, encore moins Renzi...

Sa réplique te piqua comme une guêpe. Cette connivence biaisée t'énerva d'emblée. Vos retrouvailles commençaient mal. Comment pouvait-il se comparer à toi ? Mettre sur le plateau de la même balance l'engagement d'une vie entière, ses gouffres d'incertitude artistique, ses sacrifices financiers et sa paranoïa, et ce qui ne représentait pour lui, pensais-tu, qu'une détente de week-end ? Tu n'avais pas lu son « petit bouquin », sans doute pas nul et peut-être même pas mal, mais là n'était pas la question, tu connaissais trop la chanson. Et plus que trop les individus de sa trempe, tous toqués d'écriture, cette maladie nationale qu'ils enfourchaient les arrières bien assurés, dans la ouate douillette de leurs cabinets, la plupart tout barbouillés d'académisme et de bon ton pour se faire mousser dans les dîners en ville et la presse. Car avoir fait les grandes écoles, les mariages attendus, entretenu leurs réseaux et cumulé les meilleurs jobs ne leur suffisait pas. Il fallait montrer qu'ils pouvaient aussi écrire.

Et surtout publier.

Chez les plus prestigieux éditeurs.

Pour tenir leur rang, l'idée qu'ils s'en faisaient ou celle qu'ils voulaient qu'on s'en fasse.

Mais le vrai ressort résidait bien sûr dans la vanité, cette poupée mécanique qui rend idiots les plus intelligents, ridicules les plus talentueux, et résume à Paris toutes les passions.

Machiavel ? Le sujet manquait d'originalité. Il n'était pas allé le chercher trop loin. Ne trouvait-on pas les animaux favoris du *Prince*, ses fameux lion et renard symbolisant la force et la ruse, enchâssés dans le logo de Sciences-Po depuis les années 30 ? Mieux valait descendre de tes grands chevaux et en rire. Cet homme qui n'est ni ton égal ni ton rival te jalouse peut-être comme tous ceux de son acabit, finis-tu par te dire pour te rassurer, en détaillant l'irréprochable Guillaume qui, de son col italien immaculé rehaussant son moelleux costume prince-de-galles à la pointe de ses richelieus noirs à bouts fleuris, n'avait jamais risqué ni faux pas ni faux pli.

Comme Flaubert, tu croyais à l'exécration inconsciente du style. Car quand on écrit bien, on a contre soi deux ennemis : le public, parce que le style le contraint à penser, l'oblige à un effort, et les gens de pouvoir parce qu'ils sentent en vous une force qui rivalise avec la leur. Or ton style, qui découlait de ton tempérament, était ton unique force, pensais-tu. Personne ne te l'avait jamais contesté, pas même ceux qui te détestaient. Et la force, *dixit* Napoléon, parce qu'elle est dépourvue d'erreur comme d'illusion, c'est *le vrai mis à nu*. Ces pensées galvanisantes t'avaient calmée. Tu lui répondis donc gentiment :

— Non, pardon, je ne l'ai pas lu. Mais pourquoi avoir choisi Machiavel, si la réponse n'est pas déjà contenue dans ton parcours dont j'ignore tout ?

— Tu as raison, car s'il est vrai que la première conjecture qu'on fait d'un souverain et de sa cervelle, c'est en voyant les hommes qu'il tient autour de lui, cette pensée du Florentin m'a toujours inspirée. Au risque d'enfoncer une porte ouverte, je trouve sa prose superbe et sa fraîcheur intacte : rien de daté, pas une ride, de quoi méditer sur sa propre existence à l'infini, dans la faveur comme la disgrâce, laquelle, comme il l'a su mieux que quiconque pour l'avoir vécue, n'est jamais que temporaire pour qui sait y faire…

Tu crevais d'envie d'abandonner ces maximes théoriques pour l'interroger sur sa pratique mais c'était un peu prématuré. Tu jugeas plus prudent de poursuivre en douceur ce badinage machiavélien, sinon machiavélique, afin de ne pas le braquer :

— Tu te souviens de ce séminaire fabuleux que nous avions suivi sur la politique du Prince, animé par le père Valadier ?

— Et comment, quel jésuite génial ! Tu peux croire que j'avais gardé toutes mes notes et qu'elles m'ont servi quinze ans après ?

— Ça ne m'étonne pas, rien n'est moins périssable que la pensée, surtout celle qui s'applique à l'action, la plus difficile... D'ailleurs, Machiavel aurait fait un excellent jésuite...

— Tu vas trouver ça dingue, je me souviens encore de Valadier le citant d'emblée pour nous provoquer : *Aucune cité digne de ce nom ne peut être fondée sur la base des vertus évangéliques* ! Mais dis-moi, je me souviens que ton essai a été remarqué, mais alors pourquoi n'avoir pas essayé de percer avec un roman ?

De peur qu'il te trouve arrogante, tu t'abstins de lui rétorquer que contrairement à la propagande en cours, être écrivain avait de moins en moins à voir avec la condition de romancier. Surtout de nos jours où l'art de penser rythmiquement dans la langue avait presque totalement déserté la fiction. Mais si cette opinion dérangeante était malvenue, c'est que l'honnêteté t'obligeait à lui avouer que tu avais accordé toi aussi la plus grande importance à cet oukase typiquement français. Fronsac pouvait-il feindre d'ignorer qu'à tes débuts, comme la plupart de ceux qui s'imaginaient écrivains depuis l'adolescence, tu avais bien entendu essayé d'écrire un *roman* ?

Ton roman.

Le *premier*.

Le sacro-saint *premier roman* qui est à cette foutue « République des Lettres » ce que le Grand Roman américain est aux écrivains d'Outre-Atlantique : le *must*, le sésame sans lequel on végète à la porte d'entrée du Royaume.

Étant jeune et voyant large, tu en avais tellement lu que tu croyais naïvement qu'entreprendre et réussir se confondraient. Après avoir tâté de divers emplois et observé l'ascension de tes anciens camarades sur le mode Rastignac ou Bel-Ami, tu avais pensé pouvoir exploiter la deuxième cohabitation

Mitterrand-Balladur entamée en 1993 pour écrire une fiction politique. Tu confessas la chose à Fronsac comme un péché de jeunesse.

— Ah oui ? sourit-il, visiblement amusé. Et moi, tu me voyais habillé pour l'hiver par Balzac ou Maupassant ?

— Les deux ! Non, je plaisante, je t'ai perdu de vue et tu n'aurais pas pu me servir de modèle. Mais tu avoueras que la période était médusante avec son renversement de cervelles maraboutées par l'Éminence de Smyrne, tout l'*establishment* et la gauche caviar en extase devant ses sondages mirobolants tandis que le Sphynx de l'Élysée, en embuscade permanente, décochait flèches et foudres tout en serrant l'arme atomique de la dissolution dans sa manche… Alors oui, fascinée par l'intrépidité et l'impudence de Retz, ce sac d'embrouilles et d'intrigues, j'ai voulu m'inspirer de son caractère et de son destin pour en faire un personnage politique de notre temps, un assoiffé de pouvoir à bonnes fortunes et ratés, un aventurier tacticien fourvoyé dans ses souplesses et ses bassesses, ses menteries et ses tromperies… Car souvent dans la vie, comme dans les romans, une forme de justice s'exerce à la fin, pas toujours réjouissante, mais bon…

— Et alors ?

— Alors, je n'y suis pas arrivée. Après quelques semaines à ramer, j'ai compris que ça ne collait pas : ni les voix, ni le ton, ni l'intrigue, rien. Même avec sa laideur et ses noirceurs, l'éclat de Retz éclipsait à jamais tous ses avatars contemporains, comme un diamant. La substance du pouvoir a beau être solaire et radieuse à qui ambitionne de le conquérir, ténébreuse et brûlante s'il s'agit de le conserver, l'époque est trop *abaissée*. Balladur pouvait bien s'être comporté en marquis écartant les gueux comme des mouches du haut de sa chaise à porteurs dessinée par Plantu, il était tout le contraire d'un grand seigneur, juste un bourgeois louis-philippard. Non, il y a trop belle lurette que grandes pensées et grands effets ont fait *pschitt* comme disait l'autre, comme la rhétorique d'ancienne gloire d'ailleurs…

— Pas faux…

— Du coup, plutôt que d'abandonner ma copie, je suis revenue à l'original, au portrait du vrai Paul de Gondi, au cardinal sans foi ni loi qui prétendait qu'à un certain carat, la vérité jette une manière d'éclat auquel on ne peut résister. Ce qui ne m'a pas empêchée de m'amuser de ce que je méprisais ou trouvais risible dans le gouvernement de l'époque, fourguant en contrebande toute une série d'allusions cryptées…

— Enfin bon, tes sarcasmes anti-balladuriens ne t'ont pas empêchée de lui envoyer ton livre.

— Comment tu le sais ?

— Tu te souviens de la lettre de remerciement qu'il t'a retournée ?

— Bien sûr, un auteur n'oublie jamais ce genre de chose.

— C'est moi qui l'ai rédigée.

— Vraiment ?

— Bien sûr, puisque j'étais à son cabinet.

Tu marquas un silence prolongé en écarquillant les yeux, l'air ébahi, surjouant un peu la surprise. Prise à ton tour en flagrant délit de vanité (même si tu avais envoyé ton livre à Balladur par taquinerie, mais aussi à Mitterrand), tu préféras ne pas broncher tandis que ton regard descendait sur son nœud de cravate légèrement desserré, sur les emmanchures parfaitement coupées de son magnifique costume Cifonelli à boutonnières milanaises.

J'étais à son cabinet... Quoiqu'il fût aussi élégant que par le passé, les raisons qui t'avaient poussée toutes ces années à le fuir, lui et ses congénères sortis du moule avec leurs désirs si prévisibles et mécaniques, revinrent au galop.

Et de nouveau, tu t'emballas.

Derrière celui de servir l'État, d'œuvrer au bien commun, très vite venait l'appétit du pouvoir qui accompagne le plaisir de frayer avec les puissants, les délices des prébendes et des privilèges, bref, tout l'attirail de la *libido dominandi*. Et de même que Tocqueville avait refusé de se marier dans son milieu sous prétexte qu'on ne lui proposait que des femmes sottes, coquettes ou dévotes manquant toutes d'intelligence, tu comprenais de nouveau pourquoi, à la déception de ta famille, tu t'étais éloignée de tous ces succédanés dont on avait toujours l'impression que leurs esprits demeuraient bloqués à l'époque de la Restauration. Des têtes bien faites, ça oui, mais tellement dépourvues de sauvagerie, de fantaisie... En cela proches d'une forme de servitude volontaire et d'esprit grégaire qu'elles ne pourraient jamais comprendre. Encore moins s'avouer.

Du reste, quand on creusait un peu dans les dîners en ville, on s'apercevait vite que cette espèce, qui se sentait si fort au-dessus du lot en se faisant gloire de ses persiflages intelligents, avait bien des points communs avec la piétaille dont elle méprisait la vulgarité : affamée de ragots sexuels et de commérages, éberluée de médias comme de séries, lectrice de best-sellers sur tablettes dernier cri…

Cette confidence professionnelle, qui peut-être en promettait d'autres, t'enhardit à abandonner le Perrier rondelle que vous aviez commandé d'emblée sans trop réfléchir, à moins que ce ne fût chacun par désir d'afficher froideur et contrôle de soi alors que vous ignoriez encore où vous mettriez les pieds. Tu avais le dédain facile mais tu étais curieuse, tu voulais en apprendre davantage. Son passé d'éminence grise, dont la presse avait parfois laissé transpirer l'importance, t'intriguait. Sans compter que savoir, c'est déjà comprendre.

Tu fis un signe au barman pour lui commander un gin tonic, et soit qu'il voulût se détendre davantage, se mieux délier la langue ou s'élancer vers d'autres confidences – ce qui revenait au même –, Fronsac t'imita.

Autant tu revoyais le papier blanc de la lettre, pouvais même en pensée caresser du doigt la gravure de l'en-tête déroulant en lettres anglaises *Le Premier Ministre*, autant son contenu formel, très formel, trop formel, s'était effacé de ta mémoire. Tu n'osais demander à ton ancien camarade comment il avait pu servir un tel étron dans une chaussette Gammarelli.

Comme tout citoyen de base, tu n'avais d'abord perçu de cet homme absorbé dans son goître et sa suffisance qu'un grand chambellan à la bouche en cul de poule ayant toujours l'air au bord du dépit, aux manières aussi compassées que guindées, et que l'on disait affreusement susceptible. Régulièrement décrit par les médias comme un fin lettré raisonnââble, affââble, convenââble, mais aussi comme un snob entiché de duchesses et de baronnes qui avait dû mettre fin au *dress code* du smoking dans les dîners qu'il donnait naguère au ministère des Finances quand le bruit s'en était répandu pour faire ricaner tout Paris, il avait fini par laisser percer son côté trouillard et carpette devant la rue, le patronat et les financiers, mais surtout la duplicité et le fiel qui culmineraient dans l'une des plus éclatantes trahisons de la République. Celle, bien sûr, de Chirac, son ami de trente ans, qui avait propulsé ce Iago au sommet sans rien voir venir.

Doté des trois atouts majeurs pour réussir, à savoir la passion de l'ambition, le vice de l'hypocrisie et l'entier clavier de leurs stratagèmes, Balladur avait bénéficié d'une majorité pléthorique et de sondages stratosphériques. Cumulé la virtuosité stratégique et l'intelligence politique. Désiré le pouvoir suprême et déployé mille ruses pour y parvenir. Lui manquait ce qui fait que la politique excède la question du pouvoir qu'elle vise : le sens charnel du combat qui inclut de coïter jour après jour avec les électeurs à travers tout le pays. Sa Pompeuse Suffisance avait donc échoué, donnant son nom à un syndrome d'avenir, la *balladurisation* que le *blast* inversé de Juppé venait d'illustrer. Sinon, il était de notoriété publique qu'il avait soigneusement veillé à s'attacher les services de janissaires jeunes et brillants lui devant tout, moyen éculé et raison probable de la présence de Guillaume dans le sérail ottoman…

— Je sais, reprit-il, ça peut te sembler curieux, d'autant que mon modèle, après mon engagement de jeunesse à l'extrême gauche, c'était plutôt Fabius qui promettait un vrai renouveau. Brillant, habile, bien formé, raisonnablement ambitieux, de gauche mais moderne, en rupture avec l'esprit du programme commun et converti à l'économie de marché, plus jeune Premier ministre de la Ve à trente-sept ans, il avait un boulevard…

— Hélas pour lui, plombé par les apparatchiks du PS, l'ignoble affaire du sang contaminé et son non au référendum de 2005 traîné comme un boulet. Tu vas rire, mais moi j'aimais bien Séguin à l'époque, un noble personnage qui, d'ailleurs, respectait davantage ses ennemis de gauche que ses amis pourris : éclatant produit de la méritocratie, pas techno pour un sou, armature gaullienne et moelle sociale, inclassable au fond et rebelle, pas assez libéral pour la droite, trop jacobin pour la gauche, un vrai Républicain tripal comme on n'en fait plus, ruiné par ses failles intimes et son caractère épouvantable, mais pas seulement…

— C'est vrai, d'ailleurs ils se ressemblent, hormis le perchoir de l'Assemblée occupé avec brio, aucun des deux n'a fait la carrière politique espérée…

Tu ne trouvais pas du tout que Fabius et Séguin se ressemblaient. Tu ne percevais absolument pas leur trajectoire ou leur morale respectives dans ces termes. Et les Français non plus, que la mort prématurée du grizzli d'Épinal avait bouleversés, émus aux larmes, et avec eux la classe politique au grand complet qui s'était ruée comme un seul homme à ses obsèques, signe de respect unanime et rarissime que l'intègre Rocard avait obtenu aussi, de manière infiniment plus froide, quoique sur le même mode du soulagement de conscience à bon compte, dédommagement a posteriori des avanies et des outrages, des couleuvres avalées et des chapeaux mangés.

— Tu veux dire qu'aucun n'a fait partie des canassons capables de remporter l'élection présidentielle ? dis-je.

— On peut le formuler comme ça… Les Français vénèrent les *losers*, non ?

— Pas les *losers*, les meilleurs ! Dévoués corps et âmes à la *res publica*, les grands serviteurs de la chose publique qui tombent toujours sous les coups bas des leurs, à savoir ces types qui ne sont *que* des hommes politiques, c'est-à-dire des bêtes puisqu'on les reconnaît précisément à leur absence de morale…

Tu t'en voulus aussitôt d'avoir poussé l'échange sur ce terrain, tellement à côté de la plaque, qui affolait la meute des *éditocrates* exclusivement obnubilés par les jeux de pouvoir et les guéguerres personnelles, jacassant en roue libre à longueur de *petites phrases* pour mieux dénigrer la politique, ses complexités et ses duretés, ses servitudes et ses bienfaits. D'un autre côté, il fallait crever l'abcès, mais tu jugeas préférable de remettre cette affaire à plus tard.

— Ce qui ne me dit pas le fin mot de ta collaboration avec Balladur…

— Très juste. Je résume : juin 86, je sors diplômé de Sciences-Po, j'intègre l'ENA à l'automne et l'entourage de Fabius pour qui je rédige des notes tout en observant la première cohabitation et l'ascension de Balladur, alors ministre d'État, éco, finances, privatisations, la totale. J'en sors deux ans plus tard à l'Inspection des Finances pour laquelle, d'ailleurs, j'étais au coude à coude avec Olivennes, tu te souviens de lui ? Denis qui, tu le sais peut-être, a finalement choisi la Cour des comptes… Moi, la fauverie de l'Inspection m'allait, qui reste à ce jour le meilleur tremplin quand on n'est pas héritier. Bref, je n'ai intégré le cabinet de Balladur à Matignon qu'à la deuxième cohabitation.

— Et qu'est-ce que tu as fait entre 88 et 93 ? Fabius était président de l'Assemblée nationale après la réélection de Mitterrand, c'était bon pour toi, non ?

— À vrai dire, j'ai préféré aller pantoufler dans le privé et bien m'en a pris, quand on voit ce que le second septennat a donné sous Cresson et Bérégovoy, ce « Balladur du pauvre » comme disait FOG… Comme toi avec ton Retz, j'ai eu du nez, mais plus vite, et tout de suite préféré l'original à la copie…

« Cresson », « Bérégovoy »… Pourquoi ces noms si présents dans vos existences il y a vingt ans sonnaient-ils désormais comme ceux des animaux de *Jurassic Park* ? Qu'était-il donc arrivé au Temps ? Et aux politiques ? De trop nombreux tricératops avaient survécu dans la ménagerie mais pas eux, piétinés car trop faibles.

— Ah oui ? Tu as quitté l'administration ? Raconte, ça m'intéresse…

Sa carrière dans le « privé » t'intéressait moins, à vrai dire, que sa vie du même nom, brusquement éclairée par ce drôle de verbe, *pantoufler*, qui allait si mal à cet homme rapide et nerveux. Mais il était encore tôt, vous n'en étiez pas là, alors qu'autour de vous c'était maintenant l'heure des verres galants et des derniers rendez-vous d'affaires, tous chargés d'espoir ou de déroute. L'heure palpitante où des femmes bien vêtues et parées ont le regard brillant, surtout quand elles s'affichent au bras des hommes que les autres crèvent d'avoir – cette fameuse *heure bleue* qui, l'été, intensifie au crépuscule le parfum des fleurs. Mais on était en hiver, et dans le genre de lieu où les femmes portent leurs fragrances de luxe comme des glaives.

En bon petit soldat ambianceur, le serveur avait subrepticement réduit la luminosité des appliques et des lampes. Dans cette bonbonnière où les tapis persans et les gros coussins de velours amortissaient les sons des conversations, tu percevais à peine la rumeur de la rue de Rivoli. Et plus faiblement encore les visages floutés des clients, faute d'avoir chaussé les lunettes que la coquetterie t'empêchait souvent de porter pour corriger ta myopie. Alors que la ville était depuis longtemps plongée dans la nuit, tu étais ravie de combler dans cette atmosphère ouatée le long moment entre chien et loup que chaque jour tu détestais.

Puis les glaçons du deuxième round de gin tonics bien frappés tintèrent comme un subtil signal de reprise et Fronsac se lança…

Il raconta d'abord comment il avait été pygmalionisé par Alain Minc qui lui avait fait intégrer la fameuse banque Lazard ayant échappé à la nationalisation de 1982 par l'entremise de Jacques Attali – banque dont il détailla les rouages, les conseils, les anciens camarades de promo retrouvés, ainsi que ses accointances avec certains hauts fonctionnaires qui s'apprêtaient à rallier les comités exécutifs de grandes entreprises. Puis il raconta la manière dont, dès 88, il avait repéré l'émergence du futur mirobolant DSK dont la voracité perçait déjà sous l'écorce de président de la Commission des Finances de l'Assemblée avant d'éclater au ministère de l'Industrie – surtout après son mariage glamour avec Anne Sinclair. Maroquin d'où il fut éjecté, mais à partir duquel il créa en 1993 le Cercle de l'Industrie, puis DSK Consultants qui, rassemblant des dizaines de patrons de gauche et de droite, du public et du privé, contribua à faire sauter le barrage entre le service de l'État et l'économie marchande. Il raconta alors leurs dîners informels, les invitations acceptées et rendues, les services et les contacts, le maillage de l'entregent et les filets de l'entre-soi, dorures et sous-sols, saynètes et coulisses. Revenant en arrière, il expliqua pourquoi DSK, devenu avocat d'affaires et copain de Sarkozy, toujours en 93 après un dîner au *Fouquet's*, ne pouvait que partager avec ce jeune et piaffant ministre du Budget – outre le goût du business et des femmes – la féroce ambition de dégommer tous les vieux caciques de leurs partis respectifs et leurs idées d'un autre siècle au nom de la *modernité*. Il te fit aussi le récit de son mariage avec une certaine Hortense, rencontrée à celui de son frère Henri, diplômé de HEC, avec la descendante d'une dynastie républicaine de grands commis ou de juristes – Denoix de Saint-Marc ? Saint-Geours ? Burin des Roziers ? tu as déjà oublié –, laquelle Hortense, fille d'un illustre avocat de gauche marié à celle d'un célèbre écrivain de droite et d'une Clermont-Tonnerre, était la sœur du meilleur pote de Mathieu Pigasse…

Il lâcha encore beaucoup d'autres anecdotes qui racontaient la France, ou du moins une certaine France, celle précisément dont Mitterrand disait qu'*avec soixante amis bien placés, on peut la tenir.*

La tenir ou la prendre ?

La gouverner ou la baiser ?

Car quels qu'eussent été les hommes ou les régimes s'étant succédé à sa tête, c'était toujours la même histoire inlassable et lassante qui se poursuivait.

Une histoire de désirs et de conquêtes qui débordait d'alliances et de trahisons, de promesses rompues et de meurtres.

Une tragédie à répétition où pullulaient fratries décomposées, fils parricides, dauphins assassinés, régents qui s'étaient crus héritiers et monarques déchus. « La France veut être prise, ça la démange dans le bassin », avait osé Galouzeau de Villepin, faux noble d'Empire au nom de pur-sang qui se croyait chaque matin en train de franchir le pont d'Arcole, et dont le superbe discours onusien avait un temps masqué la vulgarité de courtisan flagorneur. « La France s'est toujours donnée à celui qui la désire le plus et en matière de désir, je suis dur à battre » avait, plus tard, renchéri Sarkozy, reître ennemi du soudard précédent qu'il avait menacé de *pendre à un crochet de boucher* durant l'affaire *Darkstream* et qui, en l'occurrence, croyait avoir la plus grosse. En y mettant plus ou moins les gants, ou de la vaseline, ils voulaient tous se l'envoyer, la France, la fille aînée de l'Église, Marianne, la République, la Nation…

Mais pour quoi faire ?

Lui donner du plaisir ou en jouir ?

La foutre ou s'en foutre ?

Répondre à ces questions, c'était dérouler la liste des chefs qui s'étaient emparés jadis et naguère des rênes du destin français, destin chahuté qu'on disait mort, qui pourtant ne voulait pas mourir, et le faisait bruyamment savoir, comme un animal à l'agonie.

Grisé par ses propres paroles et sans doute par l'alcool, Fronsac t'en avait raconté encore et tant et plus et avec si bonne grâce que tu te demandais pourquoi. Oui, pourquoi ce long récit qui mêlait les historiettes triviales aux généalogies néo-féodales ? Étalait-il sa puissance pour t'écraser ? Se venger de ton manque d'intérêt pour son livre ? Te montrer l'étendue de ce que tu avais raté à force d'entêtement dans la Noble-Voie-de-la-Littérature où ta réussite lente valait *fiasco* ? Cherchait-il à te subjuguer ? Et Hortense ? Où en était-il avec Hortense ?

Et pourquoi voulais-tu tant le savoir ?

Tu pensais, toi, que ces fausses confidences et autres secrets de polichinelle n'étaient, à vrai dire, nullement confidentiels : plutôt le menu fretin d'une chronique régulière de petits faits d'armes issus de clans et de cercles qui étaient toujours curieux à savoir, souvent d'un grand usage pour les gens qui voulaient se mêler du monde – c'est-à-dire de l'immonde – et très utiles aux citoyens d'une démocratie moderne. Or, le paradoxe, c'était que cette théorie de brigues et d'intrigues divulguées depuis des décennies dans les livres de journalistes se croyant dans le secret des dieux par la grâce du *off* – ce picotin qu'une presse majoritairement servile ramassait à la table des puissants qui s'en achetaient ainsi les complaisances avant de le jeter dans la mangeoire des électeurs qui à leur tour s'en gavaient, hoquetaient un peu et digéraient – n'avait jamais rien changé.

Ayant une bonne mémoire, tu connaissais presque par cœur cette saga qui avait débuté par le bon vieux « il était une fois » quand tu avais un peu plus de vingt ans et qui n'avait cessé de se ramifier. C'était celle de ton milieu et de la relation de ta génération avec le pouvoir, éparpillée dans tous les pouvoirs et aux manettes – « milieu » et « génération » étrangers à ton vocabulaire mais qu'est-ce que la société sinon la main de fer de l'assignation et de la sommation ?

Alors oui, cette histoire à laquelle tu aurais pu prétendre et que tu avais fuie par amour de la liberté, par amour de l'amour et du loisir studieux troué de paresse qui, même si tu devais souvent t'en détourner pour mettre du beurre dans les épinards, était toujours ton seul luxe, tu n'en partageais ni les conquêtes ni les affres, pas les conforts non plus, certes, mais tu la connaissais *par la bande*, c'était le cas de le dire… À ce titre, elle avait beau être à la fois vieille comme le monde et inédite, tour à tour passionnante et méprisable, elle ne cessait de parasiter ton existence. Semblable à une comète surgie des années-lumière et diffractant ses anciens rayons au présent, cette conversation en offrait un bon exemple.

Fronsac poursuivit sur sa lancée :

— J'ai été recruté à Matignon par l'intermédiaire de Nicolas Bazire, reprit-il en virant la paille de son verre pour s'envoyer cul sec la dernière gorgée de son cocktail, un mec étonnant que j'avais rencontré en traînant mes guêtres dans une association créée par Balladur pour rester en orbite. De droite par tradition familiale catho coincée, se foutant des partis, il n'avait jamais milité, ne s'était jamais engagé nulle part, et s'emmerdait ferme à la Cour des comptes quand il a été présenté à Balladur pour lui organiser des colloques…

— On connaît la suite : plus jeune dircab de Premier ministre que les vieux fossiles avaient pris pour une potiche, il s'est attelé à l'autre Nicolas et bonjour les dégâts !

— Ouais, Bazire et Sarko sont devenus les deux gamins les plus puissants de France, comme l'avait écrit une journaliste qui, du coup, s'est attiré la haine éternelle du second… Jeunes, sans aucune expérience, l'un virtuose techno à sang-froid, l'autre hyperdoué de la politique, leur tandem ressemblait au mariage de la carpe et du lapin mais, comme en politique l'intérêt commun a toujours raison des différences, c'est Denis Tillinac qui avait eu le mot juste : *deux faucons sur le poing du pouvoir*, sachant séduire et menacer, qui contrôlaient tout ; deux Ferrari lancées plein gaz à l'assaut de l'Élysée pour le compte de leur maître, ce qui prouve bien que le Grand Ballamouchi ne roulait pas dans sa tête qu'en carrosse ! Putain, on peut lui reprocher sa politique mais pas d'avoir été un homme sachant avancer de biais et à l'oblique, un grand artiste du pouvoir et un sacré orfèvre… De la composition du gouvernement à la mise en musique de son cabinet, du pur « *made in* Machiavel » bluffant jusqu'à Mitterrand qui jugeait son « cousu main » en connaisseur : partis de la majorité vidés de leurs chefs devenus ministres et nommés à contre-emploi en vue de leur neutralisation réciproque, équipe resserrée aux ordres, efficace et discrète, le tout dans une atmosphère de conjuration dont la devise semblait inventée pour nous par Michel Foucault…

— Surveiller et punir ?

— Tout juste.

— Et toi dans tout ça ?

— Moi ? Personne ne me connaissait, j'étais l'ombre de l'ombre, c'était Bazire l'idole des salons qui s'arrachaient ses bons mots cyniques. Distant, assez condescendant mais affûté comme une lame, il vomissait autant les appareils partisans et les logiques tacticiennes que les joutes idéologiques et ça faisait bander la bourgeoisie qui jouit toujours devant ce genre de prétendant dépourvu de rapport disciplinaire à la politique… Pendant ce temps, j'avais rang de conseiller multitâche, le cabinet avait besoin de mes lumières pour les privatisations, intros en bourse, OPA, fusions-acquisitions, parités, toute la tuyauterie financière du grand Monopoly que les hauts fonctionnaires maîtrisaient encore mal à l'époque. Il m'arrivait aussi de rédiger certains discours du PM en jouant sur du velours, Édouard était tellement littéraire et cultivé…

Tu venais de remarquer que depuis un moment, son vocabulaire s'était beaucoup relâché, mais le mot « discours » fit *tilt*, descellant un monde englouti qui affleura à la surface de ta conscience comme une Atlantide. Car avant de te lancer dans la littérature, tu en avais écrit, toi aussi, des discours et des éditos, des communiqués de presse et des interviews. Tu en avais ouvragé des monceaux de langue de bois qu'on n'appelait pas encore des *éléments de langage.* D'abord, pour un vibrionnant secrétaire d'État du gouvernement Rocard, intoxiqué de médias autant que de sa personne, précurseur de tous les *Homo Publicus* d'avenir. Puis, pour un patron d'entreprise publique, copain des deux précédents, qui cultivait une hauteur toute présidentielle, sinon présidentiable. Fronsac l'avait-il su ? Possible. Mais à quoi bon lui en parler puisque tu n'avais été qu'une plume « poids plume » ?

Déniché grâce au service emploi des Anciens de Sciences-Po, ce job t'avait au début stimulée par son côté rhétorique et sa mécanique ventriloque. Mais aussi parce qu'à vingt-cinq ans à peine, tu jouais pour la première fois avec les petits hochets gratifiants que représentent une secrétaire personnelle, une carte tricolore, une voiture avec chauffeur, un bureau aux portes capitonnées situé dans le prestigieux couloir dévolu au cabinet du ministre que les employés moins gradés surnommaient la « Vallée des Rois » – laquelle s'avérerait en réalité un coupe-gorge, scribe du pharaon ou pas.

Corvéable à merci, ayant toujours deux ou trois textes sur le feu, tu n'avais jamais gagné autant d'argent et eu aussi peu le temps de le dépenser. Il fallait être chaque matin *dressed to kill* à la réunion de huit heures pour évoquer les dossiers en cours et l'agenda. Puis, tu dévalais la journée comme un toboggan à téléphoner, rassembler de la doc, écumer les revues de presse, discuter avec les conseillers techniques, éplucher les CV des futurs récipiendaires des rubans de Légion d'honneur, Arts et Lettres, Mérite et autres Palmes académiques, honneurs toujours très convoités mais corvée suprême dans la catégorie *pensums*.

Le plus difficile ? Les heures de jus de crâne à tâcher de deviner ce que le chef pensait d'une foule de sujets dont tu ne connaissais rien et bien souvent lui non plus. À vingt heures, le téléphone devenait muet et tu trouvais enfin le calme pour écrire, parfois jusqu'à minuit. Puis, tu rentrais dans ton studio du Marais, avalais quelques biscuits avec un yaourt et t'écroulais.

Au début, tu t'étais éclatée à essayer de balancer des intros originales, ciseler des périodes, étaler fièrement ta culture littéraire, soigner tes péroraisons. Avant de constater, pantoise, le jour du prononcé, qu'il n'en restait plus rien sinon une vague armature logique, ta syntaxe aplatie dans une langue blanche, ton lexique décoloré par une langue morne, les ravages du politiquement correct abrasant tout le reste.

Moins de bois que de coton, l'idiome en règle devait toujours être mielleux à souhait, sans crêtes ni arrêtes, euphémisé à mort et truffé de *mission*, *rassemblement*, *idée de la France* et autres *valeurs de la République* qui le rendaient parfaitement défunt. Quant à vouloir épater tes patrons avec des citations de Bossuet ou Balzac, tu avais rapidement cessé car tous réclamaient du Saint-John Perse et du René Char, increvables ampoulés dont la classe dirigeante n'avait toujours pas compris que les citer comme preuve de culture trahissait son absence de goût. *Impose ta chance, serre ton bonheur, va vers ton risque…* Mais oui, bien sûr, combien de fois ministres et roitelets des collectivités locales nous avaient fait le coup de cette scie du bûcheron heideggerien de l'Isle-sur-la-Sorgue ? Même Jean-Marie Meissier l'avait déclamé… *À te regarder ils s'habitueront…* Tu parles ! Mais qui se souvient de J2M ? Tu avais donc lâché tout ça et ne regrettais rien.

— À quoi tu penses ? demanda Fronsac, un peu surpris par ton long silence.

— À la vie de courtisan en général et de conseiller en particulier… À ce cloaque de petitesses arrangées, d'empressements ignobles saturé de pièges et de manèges où tu ne te grandis pas sans te courber, où la souplesse le dispute à la bassesse et la jalousie à l'hypocrisie. Un *full time job* consistant à tout savoir des intérêts, des habiletés, des liaisons, des vues, des motifs des uns et des autres pour s'en garder ou les faire chanter, les faire plier avant de les nommer, les honorer ou les décorer pour s'en faire rendre la fausse monnaie d'une reconnaissance payée d'ingratitude à la première occasion juteuse. Car comme tu dois le savoir, l'instinct de conservation exige l'ingratitude...

— Tu as trop lu Saint-Simon !

— Même pas, trop paresseuse, huit tomes de Pléiade annotés serrés quand Retz tient dans un seul volume, y a pas photo, comme on dit... Mais bon, je connais un peu la musique et la sienne...

— C'est vrai que la vie de cabinet est un sport de combat, et des plus intenses, mais tout n'est pas si noir. Gouverner, c'est d'abord faire croire, et faire savoir bien sûr, mais ce que tu oublies de formidable dans la politique, surtout au sommet, c'est la rapidité grisante du processus de décision, cette possibilité inouïe d'éprouver presque physiquement, *illico presto*, son propre pouvoir, sa capacité de puissance et d'influence...

— Pour quoi faire ?

— Des choses...

— Lesquelles ?

— Ça dépend de la situation…
— Mais encore ?
— Gagner ou mourir.

Comme ces êtres dont le visage semble intéressant à la première entrevue, ordinaire à la deuxième et sans intérêt à la troisième, tu trouvais Fronsac décevant. Le pouvoir : passion triste, vieille scie. Tu repensas alors à certains de tes amis ou plus vagues relations, hommes et femmes qui, sitôt *nommés,* avaient tellement changé, devenus arrogants, lâches, immensément contents d'eux-mêmes. Car la satrapie a ses lois psychologiques. Qui t'a fait roi ? Comment comptes-tu le demeurer ? Répondre à ces deux questions revient à tout comprendre. Alors, grisée toi aussi par l'alcool dont tu ressentais la chaleur se diffuser dans ton corps, tu te lâchas :

— Je me demande si tu n'es pas comme tous les crânes d'œuf de ta promo : ni révolté ni généreux, dépourvu de conviction comme de vision, pragmatique, c'est-à-dire opportuniste, ne sachant, au fond, que rédiger des notes et réseauter. Bien sûr que tu n'es pas le premier à confondre pouvoir et politique, à préférer passer des coups de fil plutôt que ramer dans le merdier pour te faire élire sur une tripotée de sujets explosifs comme la sécurité, le chômage, l'immigration, l'éducation, la fiscalité, l'Europe et *tutti quanti*...

— Pourquoi s'emmerder ? ria-t-il. La politique, c'est d'abord une lutte pour le pouvoir, une lutte à mort, répondit fort à propos l'auteur de *Politique de Machiavel*.

— Tu as raison, l'expérience prouve tous les jours que les types de ton acabit qui n'ont jamais jugé bon d'affronter le suffrage universel ont tendance à prospérer... dans tous les sens du terme. Il suffit d'avoir le talent des transitions qui, pour être bonnes, doivent être insensibles...

— Bien vu ! Cela aurait plu à ce bon vieux Trichet qui m'a appris pas mal de choses, mais surtout celle-ci : on ne fait pas de politique quand on est au service de l'État.

Sur cet aphorisme ambigu de l'ancien président de la BCE dont le malencontreux patronyme avait donné lieu à bien des vannes, Fronsac s'affaissa dans son fauteuil.

Il te souriait avec un air énigmatique et semblait presque ravi. N'étant ni sa rivale ni son égale, tes piques inoffensives ne risquaient guère de chatouiller l'épaisseur de son cuir. Peut-être l'avaient-elles même un peu excité ? Il paraît que certaines femmes sont attirantes quand elles s'échauffent. Surtout dans les disputes où, faute de couler, le sang leur monte aux joues. Se laissait-il aller à la pensée qu'il t'intéressait suffisamment pour que tu le querelles ?

Il était maintenant près de huit heures et le bar s'était peu à peu rempli sans que tu y aies prêté attention. Tu remarquas alors que la table voisine de la vôtre était occupée par un couple. Une jolie femme soignée d'environ quarante ans, toute en jambes et soie et l'air d'avoir eu des malheurs, faisait face à un homme corpulent dont tu n'apercevais que le dos voûté et la crinière argentée. Tu l'avais reconnu à sa voix sifflante. C'était le banquier Chardon, croisé plusieurs fois à ces raouts littéraires qu'il fréquentait pour se délasser des conseils d'administration et frimer auprès de ses homologues dont il raillait volontiers en public l'esprit de sérieux.

Aimer lire le rendait à leurs yeux « un peu excentrique », c'est dire si le *niveau* s'était effondré. Ce vieux beau t'avait invitée une ou deux fois à déjeuner au prétexte de « causer littérature », alors qu'il avait autre chose en tête. Et comme il en parlait en homme du monde tombé dans tous les panneaux du mauvais bon goût du jour mais n'était pas sot, tu avais eu beau te montrer patiente et polie, il avait compris qu'il te rasait et ne t'avait jamais plus rappelée.

Habile teneur de caisse et très riche, susceptible et rancunier, aimant à être perçu comme un ami des arts qu'il mécénait avec moins de savoir-faire que de faire-savoir, l'air toujours chafouin, coquin, dragueur tout en aimant lâcher des grossièretés sur le ton le plus civilisé du monde, Chardon avait longtemps biché, avant son élection, d'avoir l'oreille de Hollande qui l'avait très vite et beaucoup déçu, comme tous ceux de sa caste qui croyaient pouvoir peser sur la politique économique du quinquennat par leur fréquentation des amis, conseillers, relations proches et autres *visiteurs du soir* du président ; nébuleuse qui gravitait dans l'orbite de l'Élysée, disséminait ses ondes à partir de ce centre bonhomme qu'ils pensaient avoir à leur main alors que dans ses hésitations, ses indécisions, ses silences, ses calculs, ses revirements secrets plus ou moins avoués, nés telles des fausses couches de ses fausses promesses tout autant que de ses convictions brouillées que seuls les plus flagorneurs de ses courtisans avaient longtemps qualifié d'*art de la synthèse*, il n'avait cessé de s'effondrer dans les sondages, humiliant tous ceux qui avaient cru en lui, surtout après les deux grosses crises liées aux réformes des codes de la nationalité et du travail, pour ne rien dire du scandale provoqué par son dernier pavé de confidences à la presse qui lui avait fait toucher le fond. Amer et dépité dès le début de ce ratage, Chardon l'avait piétiné à proportion du manque de perspicacité qu'il se reprochait tant le président lui avait « foutu les boules » et la honte. Puis il avait tiré un trait comme on tire la chasse. Cela faisait d'ailleurs plus d'un an qu'il avait parié sur un nouveau cheval.

Fronsac, qui le connaissait sans doute et l'avait peut-être aperçu, s'était éclipsé aux toilettes. Tu en profitas pour demander l'addition et examiner de plus près les titres des livres de la petite bibliothèque située à ta droite, un bric-à-brac où voisinaient Walter Scott et Napoléon, Eugène Sue et Montaigne. Après quelques minutes, tu jetas ton dévolu sur un volume de Benjamin Constant mais à ta grande surprise tes doigts butèrent sur un mur de cuir : une vulgaire déco, quel gag ! Fronsac revenait justement à votre table.

— Tu as vu ? J'ai voulu attraper un livre mais c'est un faux ! Tout pour la frime, l'apparence…

— Comme la politique et l'époque, du carton-pâte ! hurla-t-il avec une diction théâtrale appuyée, visiblement ivre, tout en tirant son téléphone de sa poche pour y jeter un rapide coup d'œil. Et si on y allait ?

Le barman venait de déposer l'addition. Tu te demandais où diable Fronsac voulait « aller ». Dégainer la première ta carte de crédit pour la glisser prestement dans l'étui de molesquine valait acquiescement. Tu voulais bien que les hommes paient de temps à autre mais pas en automates, qu'ils demeuraient néanmoins devant ce genre d'initiative qui les déstabilisait toujours :

— Non, je t'en prie, laisse-moi t'inviter !

— La prochaine fois !

— Il n'y a pas de raison…

— Non, il n'y en a pas, et c'est justement pour ça que je t'invite.

— Mais ça me gêne… Bon, à charge de revanche. Merci, hein, c'est rare, tu es une fille bien…

— Figure-toi que c'est exactement ce que m'a dit Sollers la première fois que j'ai sorti un « Pascal » pour régler le déjeuner à la Closerie où il m'avait invitée : « Vous êtes une fille bien »… Je l'avais laissé faire une fois ou deux dans le passé, mais tout ce qui est prévisible est sans intérêt, non ?

— Ah, les « Pascal », qui s'en souvient encore ? Tu te rappelles comme c'était jouissif d'avoir en poche ces gros billets de cinq cents francs ? Leur couleur de feuille morte, cette belle tête mélancolique de Pascal appuyée sur sa main… Et Gainsbourg qui en avait cramé un en direct à la télé, tu te souviens du scandale ? Ça représentait une somme et ça fait quoi aujourd'hui ? Moins de cent euros, non ? Soixante quinze même…

Exact. En y pensant, tu trouvais énorme d'avoir claqué davantage qu'un Pascal pour quatre gin tonics et deux Perrier. Mais justement, c'était le genre de truc auquel il ne fallait pas penser. Faute de quoi, à tout reconvertir mentalement en francs, on marchait sur la tête. Et ça faisait très mal.

Là-dessus, vous avez levé le camp, un peu étourdis, hésitant sur la suite, ne sachant pas si vous alliez vous séparer ou poursuivre. Et poursuivre quoi ?

L'addition réglée et vos manteaux enfilés, tu sortis la première du bar pour te diriger vers la porte-tambour du hall éclairé. Fronsac était sur tes talons et la soirée encore jeune. L'avoir retrouvé t'excitait, t'amusait, t'intéressait. Sans compter qu'une vraie conversation dans les grandes largeurs était devenue une denrée rare. L'occasion était trop belle. Tu n'étais pas mécontente d'avoir agité ta muleta mais restais sur ta faim. Trop poli ou rusé pour te quereller, Fronsac avait feint de prendre ce petit coup de sang à la légère. Peut-être était-ce réellement le cas ? L'enjeu était insignifiant. Tu n'avais pas envie de rentrer et sentais que tu pouvais pousser ton avantage. Ce n'était pas la première fois que tu obéissais à une pensée sans vraiment la connaître.

— Tu ne veux pas qu'on aille marcher un peu ? proposa-t-il.

— D'accord mais donne-moi juste quelques minutes, je reviens tout de suite…

Tu tournas alors les talons en direction de l'escalier qui menait aux toilettes et, parvenue au sous-sol, sortis ton téléphone de ton sac pour passer un coup de fil.

VINGT HEURES

Debout sous les arcades balayées d'une bise piquante, Guillaume Fronsac venait d'allumer une cigarette. Son regard se fixa sur la statue de Jeanne d'Arc qui brillait sur son socle. Son imagination était pleine de la fille en noir. Toujours en noir comme ses yeux et ses cheveux, pensa-t-il, mais toujours aussi difficile d'accéder à sa « boîte noire »…

Il la jucha quelques minutes en pensée sur le cheval doré, droite et fière dans son armure, tenant fermement son étendard. Elle aimait Retz et caracoler dans les livres du Grand Siècle. C'était une guerrière, il l'avait toujours su. Une Minerve apparemment cuirassée de vertus, retranchée derrière son orgueil comme dans une forteresse. Ce qui était à la fois ridicule et touchant. Féminine par la parure, virile dans sa parole et sa façon d'être. Mais encore ?

Absorbé dans cette vision à laquelle se substituèrent bientôt d'autres idées confuses, son esprit vagabondait tandis qu'il aspirait de larges bouffées de tabac pour se réchauffer.

Il revint à Jeanne d'Arc. Que cette icône nationale ait été depuis trente ans préemptée par le FN le jour du 1er mai le révoltait. Comme l'achat de l'anneau douteux de la Pucelle par « l'Agité du bocage » qui l'offrait désormais, telle une sainte relique, à l'adoration des foules dans son fief vendéen du Puy-du-Fou. Ces captations d'héritage l'énervaient. Merde, se disait-il, admirée par Gambetta aussi bien que par Barrès, Péguy, Jaurès, elle appartenait à tous les Français. Comment diable en était-on arrivé à sa confiscation exclusive par la droite nationaliste où fermentaient monarchistes nostalgiques de l'Action française, pétainistes rancis, cathos traditionalistes et autres antirépublicains fascistoïdes ? C'était aussi répugnant que la denrée avariée, à la fois décomposée et congelée, qu'était devenu le *paysage politique français*.

Comme tous ceux qui, d'extrême gauche dans leur jeunesse, s'étaient ralliés au PS dans les années 80, ainsi qu'au mouvement *SOS Racisme* encouragé par un Mitterrand faisant fructifier le FN en sous-main pour diviser la droite, Fronsac avait été pris de nausée devant la présence du « Menhir » au deuxième tour de la présidentielle en 2002. Il avait donc voté Chirac, appliquant la bonne vieille consigne du *barrage républicain*. Pourtant, par désinvolture, et peut-être aussi par arrogance, il s'était toujours gardé de participer aux manifestations protestataires où s'époumonaient les républicains de gauche comme de droite à chaque saillie antisémite du vieux borgne. Outre que ce dernier lui semblait occuper de toute éternité la place de Talleyrand dans le dictionnaire contemporain des idées reçues (*Talleyrand (le Prince de) – S'indigner contre*, écrivait Flaubert), le commode slogan « F comme fasciste, N comme nazi » s'était incrusté dans son cerveau où, paradoxalement, sa grande intelligence s'en contentait.

Quand, plus tard, la fille s'était emparée du sceptre pour procéder au ravalement de façade idéologique nécessaire à la conquête du pouvoir et avait commencé d'engranger d'impressionnants succès électoraux, son cynisme foncier n'avait dicté à Fronsac qu'une seule pensée : plus ce parti qui tient tant à sa différence, soi-disant *anti-système* et « propre », fera son trou, moins les Français tomberont dans le panneau. Le pouvoir use, corrompt, à la longue ils le verront. Ce qui d'ailleurs s'était confirmé dans les années 90, quand quelques mairies étaient tombées dans son escarcelle. Moins, il est vrai, après les dernières municipales, mais par pure tactique : les nouveaux élus avaient ordre de ne pas faire de vagues tout autant que profil bas pépère pour se *notabiliser* en vue des conquêtes futures.

Naturellement, tout à sa dissimulation dans les coulisses et bien que dépourvu de *surface médiatique*, Fronsac était conscient d'incarner au centuple ce que les « ploucs » et les « ruraux » (comme ces électeurs se définissaient eux-mêmes devant caméras et micros dans un accès d'autodénigrement aussi ironique que désespéré) vomissaient : un parangon de l'élite méprisante et aveugle *déconnectée* du *peuple*. Un marquis de *l'aristocratie d'État* qui, comme tous ses compères féodaux, piétinait la province. Ce dénigrement systématique le faisait ricaner. Car la blonde et ses prétoriens pouvaient bien réciter leur catéchisme *anti-establishment*, tirade tendance dont chaque leader entendait faire sa martingale, on ne comptait plus les ralliements de membres des grands corps, de diplômés de grandes écoles, d'énarques opportunistes qui venaient à la soupe comme les autres. Pour faire carrière et en croquer. Un peu comme les chevaux s'emballent en chemin, sitôt flairée la proximité de l'écurie. Le numéro deux du parti n'en offrait-il pas le meilleur exemple ? Ou encore ce conseiller de Marine dont il avait oublié le nom, mais pas qu'il émargeait naguère auprès de Juppé ? Et tous ces hauts fonctionnaires venus grossir les rangs des « Horaces », le nouveau cercle d'influence du FN ?

Qu'ils se fassent élire, bon dieu, qu'ils mettent les mains dans le cambouis… D'ailleurs, ces braillards contempteurs de l'*UMPS* avaient été bien imp(r)udents de crier haro sur le baudet Cahuzac ou le scandale *Bigmillions* tels des chevaliers blancs qu'ils n'étaient pas, poursuivait-il *in petto*. Héritier controversé du riche cimentier Hubert Lambert, le fondateur du FN n'avait-il pas sur le dos plusieurs enquêtes judiciaires pour *enrichissement personnel suspect*, *blanchiment* et *fraude fiscale aggravée* avec compte suisse hébergé aux Bahamas et majordome supposé porter le chapeau ? Et sa fille ne dirigeait-elle pas un parti envoyé en correctionnelle pour *recel d'abus de biens sociaux* et *complicité d'escroquerie* au préjudice de l'État dans le cadre d'une enquête sur son financement électoral ? Et puis, toute parricide qu'elle fût, elle partageait avec le vieux tyran un patrimoine immobilier fiscalement sous-évalué qui défrisait les juges, voire d'autres possibles turpitudes financières puisque plusieurs de ses proches étaient concernés par le théâtre d'ombres *offshore* mis au jour par les *Panama Papers*, entortillement labyrinthique de prête-noms douteux, d'ayants droit suspects, de sociétés-écrans et de fausses factures déployé de Hong Kong aux îles Vierges et de Singapour au Panama. Elle plongerait avec lui dans les abysses, songeait Fronsac, comme le capitaine Achab ficelé à Moby Dick. Ce n'était qu'une question de temps.

À propos de temps, il commençait à s'impatienter. Qu'est-ce que faisait la fille en noir ? Était-elle en train de téléphoner ? De se repoudrer le nez ? N'ayant pas d'autre choix que d'attendre, ce qu'il détestait le plus au monde, Fronsac revint à son dada.

Évidemment, pour se *dédiaboliser* comme on change de *look*, se *normaliser* comme on oriente sa *com* afin de conquérir une France qu'il feignait de vouloir *apaisée*, le FN avait mis la main sur les thèmes centraux de l'identité républicaine. La laïcité d'abord, martelée tel un mantra. Mais aussi sur des pans entiers du programme économique de la gauche *souverainiste.* Car dès qu'ils se rêvaient en position de gagner le *magistère suprême*, les politiques brouillaient les repères idéologiques comme ils respiraient. Quand ils n'endossaient pas la défroque du coucou ou de la girouette pour raisons tactiques à grand renfort d'*ouverture*, de *recomposition*, de *triangulation.* Bref, de tout ce qui donnait le tournis aux électeurs déboussolés qui ne savaient plus trop s'ils devaient se raccrocher aux branches du clivage droite-gauche ou le jeter aux orties. Mitterrand ? Un ancien maurassien crypto-colonialiste, fondateur du PS, qui eut l'immense talent de faire passer ses intérêts pour ses convictions. Son successeur ? Surnommé « Facho Chirac » à ses débuts mais s'étant révélé *rad-soc*, il avait fait campagne sur la *fracture sociale* pour tourner casaque à peine élu et, réélu avec un score de dictateur africain, n'avait agi que pour son camp avant de s'assoupir. Sarkozy ? Après avoir instrumentalisé Jaurès et Zola pour l'emporter, il avait fait la bamboche avec ses copains milliardaires, attiré Martin Hirsch, Kouchner, Rocard, Lang, et jusqu'à Georges-Marc Benamou et Frédéric Mitterrand dans ses filets, avant de vendre son âme au maurassien Buisson qui vomissait la République. Hollande ? Technocrate social-démocrate, il avait appliqué son programme *pro-business* sitôt ravalé son discours anti-finance du Bourget avant de piquer à l'extrême droite la *déchéance de nationalité* et aux libéraux ses marottes *dérégulatrices* du droit du travail.

Comme disait Napoléon, *on s'engage et puis on voit.*

Le hic, c'est que si le FN gagnait, on verrait vite, le naturel revenant au galop et sa détestation des Arabes ayant peut-être supplanté celle des juifs, que ce parti n'était pas le moins du monde républicain puisque son programme concernant les immigrés et les réfugiés était anticonstitutionnel. Mais, comme beaucoup d'autres, Fronsac ne s'en faisait pas plus que ça. Il fallait raison garder : bon pour secouer le cocotier de l'impuissance au premier tour, le FN se crashait toujours au second grâce au mode de scrutin. Après l'inévitable *électrochoc* qui déclenchait l'automatique *j'ai entendu le message des électeurs*, tout continuerait comme avant puisque rien ne s'était jamais passé autrement. Le référendum du Brexit ? L'élection américaine ? De simples fusils à un coup, fatals certes, mais chez nous il en fallait deux. En avril, il suffirait donc de miser sur le seul cheval capable de seconder Marine au premier tour, de *rassembler* le maximum de voix de gauche au second et la partie serait dans le sac.

Bon, qu'est-ce qu'elle foutait ? Fronsac remonta le col de son *duffle-coat*, se reganta de pécari et plongea ses poings dans les deux poches plaquées tout en se balançant d'une jambe sur l'autre, frappant le pavement de mosaïque pour se réchauffer. Quelques minutes passèrent. Elle finit par le rejoindre sous la verrière de l'entrée, le col de son long manteau noir remonté lui aussi en prévision du vent glacé, une grande écharpe de cachemire sombre entortillée autour du cou. Elle avait mieux estompé son fard et repassé une couche de rouge carmin sur ses lèvres. Elle portait à présent des lunettes qui lui donnaient l'air plus sévère.

Succédant à la chaleur émolliente du bar, le froid leur redonnait des couleurs et de l'énergie pour marcher. Mais, au lieu de traverser spontanément la place pour remonter la rue de Rivoli, ils prirent comme par réflexe du côté droit, pas fâchés de demeurer à l'abri des regards sous les arcades de la place des Pyramides que prolongeait la rue du même nom, sait-on jamais sur qui on peut tomber…

Régulièrement délaissée par les piétons et davantage encore à cette heure, c'était une petite rue triste, dépourvue des féeries qui scintillaient dans les vitrines des deux artères reines entre lesquelles elle faisait figure de boyau sans qualité, simple passage obligé pour les véhicules soucieux de remonter vers l'Opéra ou le Palais-Royal. Dans ce corridor vide et lugubre alternaient rideaux de fer et cafés miteux, porches dégradés et quelques devantures éteintes aux vitres sales. Officines de tourisme ou immobilier ? On ne savait pas trop. Sinon qu'elles partageaient la même absence de qualités de toutes ces choses ordinaires qui peuplent la vie ordinaire.

Soucieux d'accorder leurs pas sans s'effleurer, ils marchaient, mutiques, chacun enfoncé dans ses pensées secrètes comme dans l'obscurité silencieuse qui enveloppait la rue, bravant les bourrasques tandis que leur ivresse se dissipait un peu pour laisser place à la faim. Après tout, c'était l'heure de dîner.

Or, par crainte de rompre le fil de ce moment singulier, chacun semblait attendre que l'autre propose une solution à ce besoin élémentaire. À croire qu'aucun d'eux n'avait envie de briser dans la trivialité d'un lieu anonyme et bruyant cette errance insoucieuse de sa destination qui, prolongée coûte que coûte, ressemble tant à celle des débuts de l'amitié ou de l'amour. Vous savez, ce moment où l'on rechigne à se séparer de la personne qui vous plaît et où l'on préfère se raccompagner à tour de rôle pendant des heures pour ne pas se quitter et faire durer le plaisir.

Dans ces cas-là, on se fiche bien de la cohérence du trajet, de revenir sur ses pas comme si on était perdus ou de faire dix fois le tour du même pâté de maisons au risque de passer pour fous.

Nos deux marcheurs n'étaient nullement déments. Et encore moins égarés dans ce quartier qu'ils connaissaient comme leur poche. À cet instant précis de la soirée, ni leur charme respectif ni leur alcoolémie ne brouillaient les raisons qu'ils avaient de cheminer ensemble. Débarrassés des présentations laborieuses qui siéent à deux parfaits inconnus, sur le pied de familiarité qu'autorisaient leur ancienne appartenance universitaire et les vagues informations qu'ils avaient de leurs existences mutuelles, ils avaient constaté que le mur du temps qui les séparait était beaucoup plus fin que prévu. Passé la surprise de s'être retrouvés, le plaisir de se revoir et peut-être de se séduire, la curiosité réciproque pour l'univers que chacun représentait pour l'autre avait augmenté. Écritoires et cabinets ne racontaient-ils pas une vieille histoire ? Celle d'un pays où la littérature avait toujours été politique et la politique littéraire ? Ils avaient sucé ce lait sur les bancs de l'école, dans ces manuels où les noms de Voltaire et Diderot étaient tout aussi naturellement accolés à ceux de Frédéric II et Catherine de Russie que le seraient plus tard ceux de Victor Hugo et d'Émile Zola à l'abolition de la peine de mort et l'Affaire Dreyfus. Point nodal de l'imaginaire collectif et ressort de son identité, ce genre d'intrication résumait la France. Car tant qu'elle avait duré, cette singularité avait bel et bien consisté à s'interroger sur la signification de sa propre histoire à travers ses écrivains. À fourbir aussi les armes émancipatrices qui avaient aimanté tant d'aventuriers et d'artistes étrangers amoureux de l'idéal des Lumières dans une Europe qui parlait partout français.

Pourtant, s'il les rapprochait, cet héritage commun n'assignait pas les sensibilités de Fronsac et de la fille en noir aux mêmes cases mentales. D'autant que le premier, tout normalien qu'il fût, aimait moins lire que la seconde.

Assez cultivé pour ne pas ignorer que La Rochefoucauld avait été l'un des plus grands courtisans de Louis XIV et Racine son historiographe (mais sans doute pas au point de savoir que Chateaubriand avait failli être celui de Louis-Philippe), Fronsac, plus politique

que littéraire et aussi mondain que politique, se rengorgeait surtout de cette diplomatie des Lettres où, bien avant Jean-Christophe Ruffin et Daniel Rondeau, s'étaient illustrés Morand, Claudel, Saint-John Perse, Giraudoux et Romain Gary. Tout comme le fascinait, parmi tant d'écrivains devenus conseillers du Prince et réciproquement, l'ultime duo français de fortes têtes à proses drapées incarné par de Gaulle et Malraux qui maraboutait tant les clercs. Ces réminiscences flatteuses expliquaient en partie son ouvrage sur Machiavel où s'était aisément débondé ce désir commun à tant d'hommes politiques français de s'illustrer dans la République des Lettres à travers biographies de rois et d'hommes d'État, livres de souvenirs, discours, témoignages, chroniques. Bref, tous les genres du moment qu'ils servaient pour se pousser du col ou se faire reluire en miroir, parfois avec grand talent mais pas toujours, comme l'avaient prouvé les bluettes romanesques de Giscard qui avaient fait rigoler les gazettes mais nullement constitué un obstacle à son élection à l'Académie française.

Quant à la fille en noir, moins politique qu'écrivain et plus artiste encore, elle devait tout son intérêt pour l'Histoire de France aux livres passionnément lus et relus qui, des chroniques de Joinville aux mémoires de Chateaubriand et des romans de Balzac à ceux de Céline, en avaient tissé l'immense récit, à rebours de tous les souvenirs pieux. Aussi, la taraudait l'espace minuscule désormais dévolu dans la littérature contemporaine à l'intériorité sensible, à la mémoire, au temps perdu et retrouvé, ce nerf de l'art où le français, socle de l'État depuis l'ordonnance de Villers-Cotterêts, s'était stratifié à travers mille diaprures splendides dans les proses royales de Blaise de Monluc, Montaigne, Tallemant des Réaux et Saint-Simon jusqu'à Proust. Mais aussi que rien ne subsistât de l'ancienne grandeur rhétorique et esthétique depuis que régnaient, outre la vieille passion démocratique de l'égalité, des quinquas politiques incultes entourés d'énarques ignares.

Parvenus au coin de la rue Saint-Honoré, ils tournèrent à droite sur le trottoir rétréci et marchaient depuis plusieurs minutes vers la rue de l'Échelle quand ils virent avancer de loin et d'un pas rapide un petit groupe qui sortait de l'hôtel Normandy et dont Fronsac semblait surveiller depuis quelques secondes la trajectoire. De l'autre côté de la rue, il identifia sans peine la mince silhouette d'Aquilino Morelle, l'ex-conseiller politique de Hollande qui, serré dans une élégante gabardine beige, fendait l'air de sa démarche allurée de dandy. De son côté, la fille en noir reconnut cette fois Stéphane Fouks, qu'elle avait eu du mal à remettre quatre heures plus tôt tant son embonpoint et son visage empâté l'avaient métamorphosé. Le second connaissant bien le premier pour l'avoir recruté quinze ans auparavant chez EURO-RSCG après que l'échec de son patron Jospin l'eut laissé sur le carreau, ils étaient absorbés dans une conversation animée et suivis par Martine Aubry, emmitouflée dans un épais manteau brun. Elle s'entretenait avec un petit homme d'apparence fragile, à la foulée nerveuse, dont les sourcils broussailleux, sous lesquels pétillaient d'ordinaire deux petits yeux vifs et intelligents, s'accordaient à l'épais casque de cheveux gris acier qu'il portait. C'était Alain Minc, l'inoxydable couteau suisse des élites françaises, toujours entre zist et zest tous azimuts et, accessoirement, vieux copain de la maire de Lille rencontrée quarante ans plus tôt à l'ENA. Un cinquième homme à la démarche dégingandée, un peu décoiffé, au visage ignoré du grand public mais ayant connu son quart d'heure warholien pour s'être pris les pieds dans le tapis de l'affaire *Bigmillions* lors d'un déjeuner chez Ledoyen avec un Fillon enragé de dégommer Sarko, fermait la marche. Il se nommait Jean-Pierre Jouyet et adressa de la main un petit signe à Fronsac qui venait d'échanger un hochement de tête entendu avec son ancien mentor.

La scène n'avait duré qu'une dizaine de secondes, la petite troupe remontait déjà la rue Saint-Honoré. Rejoignait-elle le Cercle Interallié où se tenait, en ce dernier mercredi de novembre, le dîner mensuel du *Siècle* ?

En l'absence de filature, cette probabilité ne pourrait être confirmée ni infirmée.

Créé soixante-dix ans plus tôt, ce cénacle influent rassemblait trop d'arbitres des destinées françaises pour être comparé au groupe parisien de l'*Histoire des Treize* mais, de fait, il aurait fallu le génie d'un Balzac du XXIe siècle, tout aussi passionné par l'envers de l'histoire contemporaine que par les vérités qui ne semblent pas vraisemblables, pour peindre le jeu complexe des ambitions, passions, combinaisons, supputations, desseins, ressorts, intrigues, manœuvres, plans de carrière et renvois d'ascenseurs qui s'agitaient dans les centaines de cervelles surinformées des hauts fonctionnaires, politiques, grands patrons, syndicalistes, personnalités médiatiques et universitaires composant cette mécanique à produire du consensus et, raillaient ses contempteurs, de la *pensée unique*.

Rien qu'à s'en tenir aux cinq personnages tout juste croisés, un romancier affûté aurait eu de quoi brosser un chapitre haut en couleur quant aux raisons de leur réunion dans cet hôtel de la Rive droite. La description de vieilles amitiés entées sur le souvenir d'anciens faits d'armes y aurait eu sa part. Tout comme, chez chacun, la tenace poursuite d'un ver rongeur dans l'impénétrable maquis des arrière-pensées.

N'était-il pas divertissant de voir « Martine » contrainte de faire des risettes à « Alain » et « Jean-Pierre » qui dorlotaient depuis des années « monsieur Macron », comme elle l'appelait méchamment, alors que « Stéphane », longtemps confit dans l'impuissance, avait dû assister pour la première fois de son existence à l'ascension météorique d'un aiglon rival de son meilleur ami « Manuel », une comète qui ne lui devait rien et doucherait peut-être ses nouveaux espoirs ?

Quant au colérique « Aquilino » qui, après avoir comparé son éviction élyséenne à une « purification ethnique » venue de la « Tcheka hollandienne », demeurait vexé de ne plus pouvoir se faire cirer les pompes par les autres courtisans faute d'avoir trop bichonné ses *Berluti* et publierait un bouquin vengeur chez le même éditeur qu'« Alain », il jalousait férocement « Emmanuel », lequel, se rêvant tout autant président de la République qu'écrivain, ne se contentait pas de ressembler à Lucien de Rubempré ou à Julien Sorel. Mais, à vrai dire, de quoi le fringant chouchou de l'oligarchie pouvait-il se contenter ?

Ce verbe pronominal était rayé de son vocabulaire.

Pouvant beaucoup, il voulait tout, brouillait le jeu, et c'était déjà un bon début pour cet énième *roman français* dont les élites raffolaient.

Les deux anciens camarades n'avaient pas commenté cette brève scène de rue mais n'en pensaient pas moins.

Elle savait.

Il savait.

Quoi ?

Qu'elle détenait sans doute des informations le concernant et réciproquement.

Mais encore ?

Eh bien, par exemple, que Fronsac, fait rarissime malgré ses prestigieux parrainages, s'était vu refuser, à son grand dépit, son admission au *Siècle* par le conseil d'administration. Mais aussi qu'il avait eu une liaison avec une journaliste de Paris Première bien connue de la fille en noir du temps où cette dernière avait assuré des chroniques sur cette chaîne câblée. De même, Fronsac savait que sa camarade, si volontiers rétive aux honneurs et rebelle, avait fini par accepter une décoration de la République mais aussi, suite à des soucis financiers et à la suggestion d'un ami bien placé de son éditeur, de servir de « nègre » à un *éléphant* du PS, ami d'une des personnalités qu'ils venaient de croiser.

Car si connaître ces petits faits était inhérent à la haute position qu'il occupait dans le moulin social, il n'était pas moins vrai qu'elle avait, de son côté, accès à certaines informations via bon nombre d'indiscrets du *milieu littéraire* qui aimaient frayer avec les politiques influents et les nababs médiatiques dont ils dépendaient parfois. Milieu et nababs qu'elle fréquentait peu mais à propos desquels elle tendait l'oreille tant il est fâcheux d'ignorer les affaires de son temps et dommage de ne pas faire son miel de la comédie humaine quand on se mêle d'écrire. Autant dire qu'ils pouvaient bien passer la soirée à s'asticoter sur les moyens et les fins du pouvoir, ces deux Parisiens n'en évoluaient pas moins, même à des degrés très différents, dans une bulle fort éloignée de la détresse sociale.

Vivaient-ils en banlieue, dans les *quartiers*, ou ce que certains appelaient les *territoires perdus de la République*, dans les zones *périurbaines* des petites villes ou même dans le centre de certaines d'entre elles, désertées par les commerces et dont les habitants, à tort ou à raison, ne s'estimaient « plus chez eux » ? Non. Avaient-ils des problèmes de logement, d'accès aux soins, d'école ou de conditions de travail ? Non plus. Et que savaient-ils des difficultés concrètes d'existence des millions de leurs concitoyens licenciés, précarisés, travailleurs à temps partiel et chômeurs ramant dans les antennes dépeuplées de Pôle Emploi, familles monoparentales vivotant d'allocs ou des banques alimentaires, sans compter les galères des SDF qui mouraient par centaines chaque année dans les rues ? Pas grand-chose, sinon ce qu'en suggérait la presse quand ils daignaient lire ses papiers les plus poignants. Pouvaient-ils imaginer que, dans certaines régions ravagées par le chômage, les damnés de la crise étaient si désespérés qu'ils étaient prêts à tout sacrifier et tout accepter, n'importe quel boulot et jusqu'au plus humiliant, à n'importe quel salaire y compris inférieur au SMIC si cela eût été légal, et que même un job merdique sous-payé dans des conditions d'exploitation épouvantables, pour quelques heures hebdomadaires payées dix euros de l'heure, ces malheureux ne pouvaient l'obtenir ? Et moins encore quand leurs origines arabes ou africaines favorisaient suspicions et discriminations à l'embauche ? Sûrement pas. De même qu'ils ignoraient que ce *lumpenproletariat* n'avait même plus la prétention ou l'audace de chercher *du travail*, seulement *des heures* à grappiller comme manœuvres, employés de ménage, manutentionnaires. Quelques heures qu'il fallait cumuler à d'autres tout aussi difficiles à obtenir pour joindre les deux bouts et dont il était question, désormais, de les rémunérer au rabais selon la logique inique de *travailler plus pour gagner moins*. Non, ils ne savaient rien concrètement de la dureté du monde auquel se cognaient chaque jour dans leur pays entre cinq et neuf millions de pauvres, et plus de trois millions de chômeurs officiels. Pour ne rien dire des migrants récemment traités comme des bêtes dans la *jungle* par la patrie des Droits de l'homme, réalités qui n'étaient accessibles qu'à ceux qui les vivaient dans leur chair ou les avaient connues, ainsi qu'à ceux qu'elles rendaient malades, faisaient souffrir, qui en étaient conscients, voulaient y remédier et pensaient que la politique ne servait au fond qu'à ça : être relié aux autres au nom du bien commun par ce sentiment d'empathie et de *fraternité* qui figure dans la devise républicaine frappée au fronton des bâtiments publics.

Car quand bien même Fronsac prospérait avec éclat quand la fille en noir avait du mal à boucler ses fins de mois, le premier vivant sur un pied de grand bourgeois et la seconde dans une sorte de bohème élégante *destroy*, ils avaient tous deux grandi dans l'aisance et si longtemps vécu dans un environnement privilégié qui éduque et polit tout à la fois, qu'ils semblaient oints par ce chrême littéralement sans prix : la capacité, argentés ou pas, de le paraître, ce qui constitue en soi un sésame suffisant.

Au bout de la courte section de la rue Saint-Honoré menant à la Comédie-Française et au Palais-Royal, ils tournèrent dans la rue de Rohan, suite de noms qui à eux seuls résumaient plus de trois cents ans d'histoire mais qui s'en souvenait encore ? Ils se trouvaient désormais rue de Rivoli, devant la façade du Louvre, quand Fronsac désigna soudain du doigt les statues d'hommes qu'on apercevait en levant les yeux sur le pavillon de Marsan. Son regard s'alluma, sa voix s'éclaircit, il était de nouveau plein d'entrain. Un souvenir lui était revenu qui le mettait en joie. Un souvenir remontant à une vingtaine d'années, du temps où il vivait rue de Richelieu, qu'il se mit à raconter à la fille en noir.

Alors que ses habitudes dans le quartier auraient justement dû le priver de l'attention nécessaire à la découverte de cette anomalie, il avait remarqué un soir, sortant un peu bourré d'un café avec trois copains, que si les statues dressées sur la façade nord du Louvre représentaient une trentaine de grands maréchaux et généraux d'Empire, il restait une demi-douzaine de niches vides. Les statues manquantes étaient-elles en cours de restauration ? Avaient-elles été volées ? Jamais installées ? Le quatuor avait conjecturé sec et en vain et c'est alors qu'avait germé dans leurs cervelles éméchées le projet de canular mégalo consistant pour chacun à se faire tailler un uniforme et mouler une statue à son effigie, avec son prénom gravé sur son socle, à l'instar des Soult, Murat, Ney, Carnot et autres Massena fièrement érigés.

C'était un jeu d'enfants où tout irait comme sur des roulettes : Guillaume connaissait un sculpteur, Régis un costumier, et Patrick une entreprise de travaux publics qui pourrait installer les fausses statues de nuit. Quant à Stéphane, il était assez menaçant et courageux pour éloigner les importuns ou faire le coup de poing si nécessaire durant cette opération délicate. Évidemment, cette plaisanterie s'était révélée assez compliquée à mettre en œuvre et fort coûteuse. Ils avaient donc à la longue et à regret laissé tomber l'idée. Depuis, ils ne longeaient jamais cette partie de la rue de Rivoli sans se la rappeler en rigolant, chaque fois que leur regard s'attardait sur ces trous concaves qui, inexpliquablement, l'étaient restés.

La nuit s'était approfondie, Fronsac et la fille en noir marchaient toujours dans le froid. Ils croisèrent quelques jeunes militaires en treillis et armés de fusils-mitrailleurs qui faisaient leur ronde. Chacun avait un bras replié à mi-corps et l'index tendu posé au-dessus de la détente. S'étant de nouveau glissés sous les arcades de pierre, ils dépassèrent pour la deuxième fois la statue de Jeanne d'Arc, laissant le bar de leurs retrouvailles derrière eux, déjà loin dans l'espace et le temps qui se résorbaient à toute vitesse.

On eût dit deux silhouettes indistinctes échappées d'un roman de Modiano, et pourquoi pas des pages d'*Accident nocturne*, cette histoire d'un homme renversé place des Pyramides par la voiture d'une femme mystérieuse, le conduisant à une enquête sur lui-même et sur son passé dans la plus extrême confusion chronologique…

Ils s'observaient de temps à autre à la dérobée, scrutant leurs profils où s'étaient gravés, malgré eux, tant d'événements et tant d'histoires charriant leur cortège secret de malheurs et de joies, de déceptions et d'espoirs, d'illusions et de désirs. Car on le sait, rien n'est plus fascinant que d'épier la manière altérée par laquelle les anciens traits d'un visage se conservent ou s'affaissent sous les nouveaux, strates à la fois cumulées et disjointes où se sont maçonnées toutes les péripéties d'une existence.

Ils ne regardaient plus guère les choses de la rue autour d'eux, mais ces monuments qui s'apparentaient davantage à des puissances qu'à des masses inertes les enserraient et ils les ressentaient avec une émotion muette. Imposantes et demeurées splendides, ces puissances résumaient Paris, cette ville où rien ne cesse, où le passé continue de se diffracter à travers la couche du présent comme le jacobinisme réverbère l'absolutisme et la royauté se prolonge dans les palais nationaux de l'âge républicain où se miment encore les mœurs politiques et sexuelles de l'Ancien Régime.

Il y avait d'abord l'immense rectangle du jardin des Tuileries, dont ils ne distinguaient plus les allées ni les bosquets, seulement l'étendue sablonneuse à travers les branches dénudées des marronniers, toute sa canopée disparue sous la herse du général Hiver. Demeuraient seuls perceptibles ses vastes contours, délimités par le fleuve invisible, et l'harmonieuse enfilade d'arcades parallèle à la terrasse des Feuillants d'où Fronsac et la fille en noir apercevaient simultanément la masse sombre du musée d'Orsay, l'or bruni du dôme des Invalides dialoguant avec celui du pyramidion couronnant l'obélisque de Louxor et, plus à l'ouest, comme dans l'arrière-plan d'un tableau, les scintillements argentés de la tour Eiffel.

De ce somptueux paysage urbain qui déployait dans ses axes et ses perspectives une théorie de vestiges monarchiques et révolutionnaires, de ce panorama désormais immuable dans lequel surnageaient, pour qui savait les lire, tant d'événements, tant de signes et de symboles, tant de destructions et de reconstructions sorties du tumulte de l'Histoire, se dégageait pourtant une harmonie, une unité, qui est comme *la poésie de l'ordre.* Accolée à ce qu'il y a de plus français dans Paris, cette concordance résumait bien le génie national, mélange de principes et d'idées claires culminant dans la mathématique incisive de ses constitutions comme de ses grands livres souverains qui, à l'instar de ceux de Laclos et Stendhal, n'ont rien de bourgeois.

Ce plaisir des yeux conducteur d'un plaisir de tête les plongeait dans une rêverie dont toute la douceur était d'être flottante. Fermées à cette heure, les laides échoppes à camelote de souvenirs avaient de nouveau laissé place à la pureté des lignes architecturales sur lesquelles leurs regards erraient. Un charme aristocratique enveloppait ce décor tandis qu'ils croisaient, le long du sol en pierre dure de cette rue percée sous le premier Empire qui portait le nom d'une victoire napoléonienne, une plaque signalant un ancien logis de Vauban, une rue du 29 juillet rappelant la révolution de 1830, et d'autres traces qui ne disaient plus rien aux Français mordus d'amnésie.

Est-ce pour cette raison qu'ils étaient si malheureux, si déprimés, si pessimistes et *déclinistes* ? Car s'ils avaient mieux lu et su leur Histoire, l'officielle comme celle de ses refoulements et de ses dénis, peut-être auraient-ils continué de penser qu'ils pourraient l'infléchir ? Ainsi la France avait été un grand royaume, un phare des Lumières universelles, une nation fière et souveraine, une République éprise de grandeur, et maintenant *quoi* ? Une piètre province ?

Ils passèrent devant l'hôtel Saint-James & Albany dont le morne lobby était désert. Puis, quelques mètres plus loin, longèrent une vitrine de l'hôtel Brighton exhibant un salon blanc incrusté de lustres et de miroirs, faux luxe froid et clinquant digne de Palm Springs ou Miami, nouveaux standards de la néo-bourgeoisie mondiale *connectée* et friquée. Après avoir dépassé les opulentes devantures de la librairie Galignani et celles du salon de thé Angelina, Fronsac proposa de se restaurer au Meurice.

La fille en noir se dit alors qu'elle consentait pour la troisième fois de la soirée à l'une de ses initiatives sans broncher. Étant trop peu féministe pour s'en offusquer, elle pensa qu'il faisait les bons choix et qu'il était reposant de se laisser porter. Avisant la façade avec surprise, elle lui demanda s'il savait que l'hôtel possédait un « Spa Valmont ». Il assura que oui en riant. Pour se faire mousser ? Quoi qu'il en fût de ce libertinage réel ou supposé, ils franchirent le seuil du palace les yeux brillants et la faim au ventre. Nul doute que Fronsac réglerait cette fois l'addition.

VINGT HEURES TRENTE

Sacré Copé… Il faudra que je pense à le remercier de son tuyau me rencardant sur l'heure et le lieu. Sans notre petite conversation l'avant-veille au téléphone, jamais je n'aurais eu l'occasion de la revoir… J'ai eu du bol quand j'y pense… Il y avait des chances pour qu'elle se casse après l'enregistrement mais non… J'ai tenté le coup et bingo, ça fait presque quatre heures qu'on est ensemble… Je ne sais pas ce qui m'a pris. Fantaisie, caprice… Peut-être qu'après toutes ces années c'était maintenant ou jamais… Ça, plus le souvenir de cette pelle qu'elle m'avait roulée entre deux rails de coke à la « Soirée Tchernobyl » du Caca's Club… en 86… ou 87 ? Orgie furieuse dont je ne me souviens plus de rien sauf de cette étreinte entre deux portes et, bizarrement, de Copé gerbant partout en combinaison antibactériologique… C'est dingue, l'entendre parler du show d'Ardisson tout à l'heure a ramené cette affaire à la surface… J'ai oublié toutes mes baises de jeunesse, gestes et sensations, mais cette onde électrique non. Elle m'est revenue intacte… Déchargée à travers la douceur de ses lèvres… leur goût de caramel champagnisé… et ses yeux noirs grands ouverts filtrant l'orage intime… Quand je pense que dès le lendemain, cette garce a fait tout ce qu'elle a pu pour m'éviter… Sortie de mon viseur dès l'approche du diplôme sans que j'aie pu la revoir avant le concours de l'ENA… Tout ça pour aller se consoler en fac de philo, puis à New York… Est-ce que j'y aurais repensé si je ne l'avais pas revue ?

Je ruminais ces fragments de passé proche et lointain dans les toilettes nickel du Meurice où je m'étais précipité dès notre arrivée. Revoir la fille en noir remuait tant de souvenirs. Est-ce qu'elle brassait les mêmes en m'attendant au bar ? Qu'est-ce qu'on avait pu faire la fête à l'époque... L'avenir nous semblait encore infini... Presque trop immense pour le meubler. Déroulé à perte de vue comme un horizon dont on n'atteindrait jamais la butée. Mais maintenant qu'il se rétrécissait, on était moins naïfs ! Si bien qu'évoquer les êtres futiles et prétentieux qu'on était alors revenait à convoquer des étrangers ou des fantômes. Pas que nous nous soyions tellement améliorés, loin de là, mais il semblait évident que nous avions muté avec l'âge. À travers nos existences successives. Sans vraiment nous en rendre compte. Comme les pièces insensiblement remplacées du vaisseau Argo, toujours le même et devenu un autre.

J'aurais donné cher pour savoir ce que la fille en noir pensait de moi. Quels souvenirs elle gardait de moi. S'ils étaient bons ou mauvais. Je n'étais pas prêt à lui avouer que ma présence chez Ardisson était due à la sienne. Plutôt me faire arracher un bras. J'étais aussi curieux de savoir si elle se souvenait de notre palot, mais autant crever que lui poser la question. Bien sûr, j'espérais que oui. Mais comment savoir avec cette nana qui semblait vouloir tout contrôler et se contrôlait si bien ? Je l'avais connue plus délurée.

Plus camée et paumée.

Moins assurée d'avoir raison.

Et plus belle.

Certes, elle avait encore de beaux restes. Toujours grande et assez mince, elle était mieux habillée que dans sa jeunesse. Plus coquette et soignée aussi, implacable tribut des femmes mûres obligées de redoubler d'efforts quand tout fout le camp. Est-ce qu'elle se teignait ? Sûrement, elle n'avait pas un cheveu blanc, impossible à son âge. L'ovale de son visage s'était pas mal distendu, comme ses paupières qui écrasaient ses yeux. Elle conservait quand même cette dureté teintée de joie hautaine, et ce masque ibérique si commode pour rembarrer les fâcheux. Planque et rempart de toujours. Mais de quoi et contre quoi ?

Son petit numéro de supériorité artistique au Régina m'avait un peu agacé. Elle me prenait pour une merde cynique vendue au capital. De toute façon, elle avait une trop bonne idée d'elle-même pour que je sois vraiment sincère avec elle. Lui dise que j'aurais voulu la revoir avant ce soir. Que j'y avais souvent pensé. Surtout quand j'avais appris qu'elle avait publié son premier livre dans le saint des saints, accomplissant notre rêve à tous. Non, je n'allais pas lui dire que cette idée de la retrouver m'avait souvent taraudé. Que les opportunités n'avaient pas manqué – dédicaces au Salon du Livre, librairies, conférences. Et qu'il m'était même arrivé parfois, pendant toutes ces années, de noter sur mon agenda une rencontre possible à une signature ou une causerie. Mais que je m'étais toujours dégonflé au dernier moment. D'autant qu'on n'évoluait plus dans le même univers et qu'on aurait eu du mal à renouer en deux minutes. Surtout si son mari avait été là. Je savais qu'elle vivait avec cet artiste depuis un bail et qu'ils n'avaient jamais eu d'enfants. C'est lui qu'elle évoquait avec des trémolos dans son *Soins intensifs*. J'avais aussi *googlé* son nom de temps à autre pour suivre ses parutions zigzagantes et espacées, restant quand même curieux de savoir où son entêtement à écrire selon son bon plaisir allait encore la mener. Même si je la trouvais trop droite dans ses bottes. Trop raide et manquant d'indulgence. Et que j'avais été déçu, en vingt ans, de ne jamais la voir publier un vrai roman à la rentrée de septembre. Un qui sortirait du lot et aurait pu faire apparaître son nom sur les listes des grands prix. Mais non, ça n'était jamais arrivé. Ou peut-être si, à une ou deux rentrées littéraires mais jamais avec un best-seller. Qu'est-ce qu'elle foutait ? Qu'est-ce qu'elle attendait pour l'écrire, ce fichu roman ? Peut-être qu'elle en était incapable. Ou trop paresseuse car, à en juger par ses parutions, elle semblait écrire au ralenti et publier au compte-gouttes. Même si j'avais toujours trouvé courageux qu'elle persévère vaille que vaille dans ses dadas. Et consacre sans doute plus de temps à glander qu'à travailler.

Remontant ma braguette, je me demandais si j'allais avoir les couilles de lui dire ce que je pensais : qu'elle ne devait s'en prendre qu'à elle-même si elle n'avait jamais connu que les succès d'estime. Qu'il y avait belle lurette qu'elle aurait dû mettre de l'eau dans son nectar. S'arracher de la littérature classique qui emmerdait tout le monde. Trouver des sujets plus vendeurs. Moins « nichés ».

Et surtout écrire des histoires. Des fictions. S'emparer d'un fait divers ou d'un *people*. Trouver le bon filon dans le *réel*. Le *documenter* façon reportage. L'effeuiller façon *strip-tease*. Flatter en miroir l'avidité ou le voyeurisme, avec toute cette passion que les auteurs mettaient à enfiler du *name dropping*, brasser du *biopic*, se titiller l'identité ou causer sociologie. *Biofiction* ? *docufiction* ? *autofiction* ? Qu'importe mais voilà ce qu'elle aurait dû raconter en plein dans le mille et droit dans la cible : des vies. La sienne ou celle des autres. Majuscules ou minuscules. De préférence en écrivant des phrases courtes, au présent, comme on désécrit des scénars prêts-à-filmer. Des pré-scripts prescripteurs. Des *storyboards* à *stories*, à séries, à *movies*… Mais non, rien à foutre et à battre. Madame est trop brillante. Ou trop orgueilleuse et trop frivole. Comment je le savais ? Je l'avais lue et écoutée, pardi. Tout lu et tout vu les soirs d'ennui. Ses bouquins et ses articles, ses vidéos sur *Dailymotion* et *YouTube*. Pas qu'il y en avait des masses mais ses coups de foudre et ses coups de gueule suffisaient à cerner l'animal dans la vérité de ses nerfs. En boule et en vrille. Bille en tête et feu sur le quartier général…

Pour le reste, pas foutue d'avoir un site. De tenir un blog. D'ouvrir une page *Facebook*, un compte *Twitter* ou *Instagram*. Incapable de gérer sa boutique narcissique. Son épicerie égotiste. Soi-disant indifférente aux miroirs de l'autopromotion et pas tête de gondole pour deux sous. Fallait pas qu'elle vienne se plaindre alors, merde, les temps avaient changé ! Et les bouquins, fallait arrêter de les sacraliser. Y avait pas d'âge pour s'y mettre. Suffisait de savoir s'organiser. Tout le monde pouvait en écrire et en écrivait, ça se vérifiait tous les jours. Fallait surtout qu'elle arrête de vivre comme un écrivain d'élite en sa tour d'ivoire. Complètement dépassé. Ne fait plus bander personne…

Mais la fille en noir ne se plaignait pas. De retour vers les salons où j'enfonçais mes semelles dans les tapis moelleux, je l'avais trouvée confortablement installée dans les *starckeries* rutilantes du bar *228*. Je préférais son ambiance cossue mais informelle à celle du restaurant gastronomique trop guindé.

Après avoir salivé sur les assiettes de bœuf *Gravelax* et de jambon *Culatello*, nous avions passé commande et vu arriver d'exquis petits *snacks* qui ressemblaient moins à des plats qu'à leurs échantillons. Tout en picorant ces bouchées de luxe, nous éclusions de l'eau minérale australienne dans des verres de cristal et elle faisait front. Je m'étais lancé dans l'analyse des tendances à la mode sur le marché français du livre qui excluaient ses bouquins. Elle apprit ainsi avec surprise que je n'en avais manqué aucun. Pour quelqu'un qui n'était pas un ami proche, j'imagine que c'était rare. Du coup, comme chez toutes les femmes, a fortiori les Parisiennes qui l'ont énorme, son amour-propre en était flatté. Après l'avoir taquinée sur la rareté de sa production et la désinvolture de son comportement, mes remarques sur sa marginalisation dans le paysage littéraire la firent sourire. Jaune ? Si elle était vexée, elle le planqua bien et rejeta mes observations avec placidité. Comme un maharadjah éloigne de sa main baguée un chasse-mouche n'ayant plus d'utilité :

— À quoi bon tout ça ? Le léopard meurt avec ses taches. Chacun son rythme et tant pis si le mien est suicidaire. Trouver tous les deux ans un bon sujet de roman tout en tapinant sur les réseaux sociaux est au-dessus de mes forces. Je n'en ai ni la capacité ni l'envie. Tant pis, c'est trop tard, la vie est trop courte et je n'ai plus une minute à perdre. À mes débuts, je voyais les choses à l'ancienne sauf qu'il m'aurait fallu des rentes. Camilla Läckberg ne me fait pas rêver, écrire n'a jamais rimé pour moi avec *produire*, ça n'a rien à voir avec le marché du livre, le marketing éditorial, ses niches et ses cibles. Là-dessus, je me reconnais plus dans la définition de la création que donne Malraux, l'une des plus justes et belles d'ailleurs, quand il dit que c'est *vouloir donner forme à son désaccord avec la création des autres* – c'est tout et qu'importe si elle est rare. Bref, je ne me suis vouée qu'à ce qui me passerait par la tête à travers le pas de côté et le silence, une certaine frugalité dont je pensais qu'elle rendrait toujours heureuse ma sauvagerie, avec l'écriture au cœur comme style de vie davantage que comme magistère. Ce qui n'empêche pas une juste estime de soi, à mille lieues du sentiment d'importance gonflant tant de moustiques qui croient nécessaire de vous informer en temps réel de leur *actu* incessante… D'autant que j'ai toujours eu le privilège immense d'être entourée d'amis aussi merveilleux que généreux, pour ne rien dire de mon mari, Nathan…

— Celui de *Soins intensifs* ?

— Il lui ressemble beaucoup, oui… Nathan m'a toujours soutenue, aidée, encouragée contre vents et marées, mais il m'a surtout aimée, aimée à la folie, et gâtée comme seul un artiste ou un poète en est capable. Sans lui, je n'aurais jamais pu écrire mon Retz…

Tu sais, il n'a jamais été question dans mon esprit d'un sacerdoce, oh non, ce mot pue trop la sacristie sacrificielle. Pas plus que d'une tour d'ivoire sourde et aveugle au fracas du monde, sûrement pas, mais d'un truc un peu à part, oui, peut-être, qui passe avant tout par une façon d'être, une manière libre et intempestive d'évoluer dans le temps qui les fait tous refluer au présent… Rien d'original, mais je veux parler de la compagnie choisie de certains morts, de certains livres, plus vivants que tous les zombies qui peuplent désormais la Terre, et de tous ceux et celles dont je viens de parler, mes amis, ma famille de cœur qui en partagent la profondeur et la beauté… Si je fais le bilan aujourd'hui, c'est évident que j'ai consacré beaucoup plus d'énergie et d'heures à l'amour, au sens le plus large et quasi cosmique du terme, qu'à écrire des livres. Comme tu le sais peut-être, on ne s'ennuie dans la vie que lorsqu'on aime médiocrement, c'était valable au Siècle des Lumières et plus encore aujourd'hui. La littérature a façonné mon existence depuis que je sais lire, je n'ai pas eu ou voulu d'autre vocation, et aucune passion qui l'égale, mais je me demande si le mot vice ne conviendrait pas mieux, vu que lectures et flâneries, voyages et paresses l'ont emporté quantitativement sur l'écriture, sans compter tout le temps que j'ai passé à ramer pour gagner trois kopecks…

Au fond, tu sais, je suis une contemplative ; j'ai toujours adoré me plonger dans des études profondes impliquant la nécessité de passer des journées entières dans les livres, les romans bien sûr, mais aussi les textes anciens, les archives, l'histoire des civilisations et les traditions spirituelles, notamment l'indienne, ça fait des années maintenant que j'étudie le sanskrit et le hatha-yoga, ce qui n'aide pas à affirmer son ego, on est d'accord, tare rédhibitoire à notre époque… Bref, comme l'a dit un bon auteur, rien de plus merveilleux que cette poussière de bibliothèque tellement plus respirable que la propreté barbare, l'ignoble propreté de l'ignorance et de l'ennui ! Mais trêve de confessions, laisse-moi te dire le fin mot de l'affaire : comme il y a de fortes chances pour que ma situation matérielle ne soit pas pire à l'avenir que celle dans laquelle je me trouve aujourd'hui, je continue d'avancer comme par le passé, à mon rythme. Parce que tu vois, l'essentiel dans la vie comme dans l'art, outre le désir et le talent, c'est de bien serrer en tresse le physique, le moral et les nerfs pour *tenir*. Tout finissant par s'obtenir à l'usure… Ou pas. Auquel cas, mon plus cher désir sera de mourir comme j'ai toujours voulu vivre : au calme, lucide, en bonne santé, dans l'amour des êtres et des choses qui me comblent. Mais assez parlé de moi, je m'égare dans une solennité grandiloquente, là. Revenons plutôt à toi… Tu es heureux, toi ?

Elle avait déroulé ce long monologue d'une traite. Presque sans respirer. Les yeux baissés.

Refuge d'une pudeur dont ses bouquins s'étaient constitués les gardiens, ravalant épanchements et confessions dans leurs replis secrets. Sa hauteur, souvent taxée de dureté, dissimulait une timidité qui la submergeait quand elle parlait d'elle-même. Je le savais depuis toujours. Et sa gêne venait de loin. De son enfance ?

Je la retrouvais aussi intacte qu'au temps de notre jeunesse, quand elle devait prendre la parole en cours pour faire un exposé. À la fois pertinente et maladroite, misant tout sur l'intelligence et rien sur la manière de l'exprimer.

Je m'étonnais que ce défaut ne se soit pas estompé alors qu'elle avait quand même pris de la bouteille. Je l'imaginais plus aguerrie. Plus forte. Du reste, elle avait parlé comme les solitaires et les sauvages. De manière heurtée, rapide. Comme pour se débarrasser au plus vite de ses phrases marmonnées presque en bougonnant. Assurance d'airain d'un côté et humilité, de l'autre ? Elle n'était finalement ni prétentieuse ni modeste. Mais enfin, elle s'était livrée avec confiance. « D'âme à âme », comme aurait dit en mots ringards un romancier lacrymal du XIXe siècle. Du coup, je me sentais le devoir de lui répondre avec honnêteté.

— Heureux ? ça me fait penser à cette phrase de Jean d'Ormesson que j'adore : *Malgré ce que soutiennent les riches, l'argent suffit à faire le bonheur des pauvres ; malgré ce que s'imaginent les pauvres, l'argent ne suffit pas à faire le bonheur des riches.*

— Jolie pirouette... Tu es donc si fortuné ? Bon, alors, à défaut de bonheur, parlons plutôt de joie ?

— Comme tu y vas ! La joie ? J'irai pas jusque-là... Disons que j'ai été heureux quand j'ai cru qu'assouvir mon ambition et mes désirs suffirait à m'installer dans... le bonheur, précisément. Puisque j'avais *coché toutes les cases*. Or la vie n'est pas si simple, pardon d'enfoncer cette porte ouverte, mais c'est vrai...

— Quoi, tu n'es pas heureux dans ton mariage parfait avec Hortense, c'est ça ?

Balle au bond : nous y étions. La fille en noir ne perdait pas le nord. Tout de suite la compétition. Et le talon d'Achille. Curieuse et soucieuse de ma femme, comme quoi elle en était bien une. Lui dire la vérité, la belle vérité de nos débuts, me sembla la meilleure option.

— Ah, Hortense... quel rêve quand j'y pense... un tanagra de blondeur pétulante !

Quand je l'ai connue, c'était une sorte de ravissante Holly Golightly, mais déjà riche, et diplômée de l'École du Louvre, aussi délicate que les pastels vénitiens du XVIIIe qui étaient sa spécialité… Bonne famille, éducation parfaite, assez réservée mais délurée à souhait, genre feu sous la glace… Au début, on a été très amoureux, très heureux, même si mon job trop prenant chez Lazard la laissait souvent seule… mais Dieu merci, elle avait ses copines, sans compter sa famille dont elle a toujours été très proche… Bref, tout ce que je peux dire, c'est qu'elle n'a manqué de rien, et elle était heureuse, je crois, de décorer le petit appartement qu'on louait rue des Belles Feuilles, d'y donner des dîners…

— Vous avez des enfants ?

— Bien sûr. D'abord un fils, Léon, une merveille, Hortense a lâché sa carrière pour s'en occuper, ce qui m'arrangeait puisque j'entamais alors mon boulot au cabinet et que j'allais être encore moins présent qu'avant à la maison… Un an plus tard, elle en a voulu un deuxième, projet qui ne m'emballait pas trop mais comme j'étais pas en première ligne, j'ai accepté en me disant que je n'avais pas le droit de lui refuser, d'autant que ce serait mieux pour Léon d'avoir une petite sœur ou un petit frère... Alors nous avons eu Armande, et rebelote les nuits blanches à biberonner et moi vanné alors qu'au boulot c'était la folie... À partir de là, comment dire ? Les choses ont changé... la fatigue, les tensions... Faut dire que je rentrais de plus en plus tard et qu'Hortense se tapait toute l'intendance, l'éducation des enfants, les vacances... Forcément, elle a fini par me reprocher le sacrifice de sa vie professionnelle, tout ce qu'elle aurait pu accomplir, ses frustrations, tout ça... À l'élection de Chirac en 95, c'était dur, mais on a poursuivi cahin-caha notre vie commune, qui l'était d'ailleurs de moins en moins...

Je me mordis la lèvre, un peu gêné par ce déballage. Plus je parlais et plus j'avais conscience de la banalité de ma situation familiale. Résumer ces trente ans de vie en quelques phrases, ce qui ne m'était jamais arrivé, les avait condensés de manière beaucoup trop négative et ridicule. Et elle m'avait juste posé une question, pas demandé un bilan complet de ma vie conjugale ! Je profitai de cette pause pour faire comprendre au serveur d'un geste circulaire que nous reprendrions une nouvelle tournée de bouchées protéinées.

— Et ensuite ? relança-t-elle sur un ton dénué d'empathie, comme si je lui parlais de la vie d'un insecte sur une planète inconnue.

— On a connu quelques crises mais j'ai fini par me rattraper un peu en acceptant de mettre en route le petit dernier alors qu'elle avait presque quarante ans… Et là, boum, revanche des ovaires, on a eu des jumeaux…

— Des jumeaux ? Ah la vache !… Pardon. Ça m'a échappé.

— Oui… Mathias et Barnabé, ils ont treize ans…

— *Lovely* !

— Tu parles ! Une doublette d'ados trop gâtés qui ne lisent rien, ne foutent rien, je ne sais plus où les scolariser l'année prochaine, c'est une vraie *cata*… Mais pour revenir à ta question initiale, je n'ai pas le droit de me plaindre, j'ai eu tout ce que je voulais : des jobs passionnants, une femme que j'aime, quatre beaux enfants, le chromo idéal. Tout eu, mais ça n'empêche pas le reste. J'ai vu le pays sombrer alors que je croyais l'avoir servi, abîmé mon mariage faute d'avoir assez pris soin de lui, et je me fais maintenant du souci pour mes enfants qui, même si les deux aînés sont diplômés, galèrent comme des malades. Sans mes appuis, je le sais bien, jamais Léon ni Armande n'auraient décroché leurs premiers stages, et ils ne sont toujours pas tirés d'affaire, c'est dur. Parfois, je me dis que si je n'avais pas les moyens de les aider encore, ils iraient droit dans le mur…

— Tu sais quoi ? dit alors la fille en noir ; j'ai toujours pensé que le fait qu'un homme et une femme, mais c'est pareil pour les homos, puissent se rencontrer, se désirer, s'aimer, vivre sous le même toit pendant des années et rester ensemble tenait du miracle. Mais si en plus, tu y ajoutes des enfants, c'est mission impossible. Pas à cause des enfants, les pauvres, ils n'y sont pour rien, mais parce qu'alors tu te vois vieillir dans la chaîne généalogique, tu te retrouves empêtré dans la famille, le sac à névroses, et ton rapport au temps change, ce qu'on n'est pas assez sages pour accepter… Tu ne trouves pas bizarre que l'humanité ne s'en soit toujours pas rendu compte ? À moins que ce soit justement son drame, sa tragédie cachée, enfin pas si cachée que ça, depuis le temps qu'elle dure et s'éparpille façon puzzle... À croire qu'il existe des hommes, des femmes, bref, l'humanité avec un grand « H » qui fait souche et masse, s'agglutine en nombre et relève de l'espèce, du *genre humain* précisément, lequel n'a rien à voir avec certains individus qui s'en écartent, notamment par le refus de se reproduire. Mais bon, ce n'est pas la carte que tu as tirée...

Il était évident que des types comme moi, qui avaient construit une famille mais délaissé leurs femmes, négligé l'éducation de leurs enfants au nom de leur réussite sociale et se retrouvaient à la cinquantaine, piqués par le démon de midi alors que leur existence avait semblé filer comme un rêve qu'il fallait à présent rattraper avec les dents, participaient du *cliché*, faute rédhibitoire face à une romancière comme la fille en noir.

Hors de question que je déroule aussi mes récits d'adultère. J'imagine que ça aurait été le comble de la vulgarité pour elle. Et ils auraient donné de moi une image trop médiocre. Je m'empressai donc de battre en retraite sur un autre terrain.

— Avec ce que je t'ai dit tout à l'heure au Régina, tu dois m'imaginer confit dans le cynisme et l'égoïsme, alors qu'en réalité, je suis hyper inquiet… Tu te souviens de ces théoriciens bonaces qui étaient nos maîtres du temps où on déroulait encore nos disserts en trois points rue Saint-Guillaume ?

— Ne m'en parle pas, il m'a fallu du temps pour me débarrasser de leurs raisonnements balancés…

— Eh bien, ce sont les mêmes qui nous soûlent aujourd'hui avec l'épuisement du clivage droite-gauche brisé sur l'implacable logique partisane des institutions, la crise de la *gouvernance* démocratique et celle de la *représentativité* ravagée par les échecs d'une classe politique court-termiste et fossilisée qui n'a jamais pensé qu'à l'élection suivante en flattant l'air du temps… C'est comme taper sur la parole *démonétisée* des politiciens qui trahissent leurs engagements et leurs promesses, empêtrés dans leurs calculs cyniques et leur pusillanimité gestionnaire, prisonniers de leur petit théâtre d'ambitions. On connaît ça par cœur. Or, l'heure ne devrait plus être aux blablas d'experts sur le *désenchantement démocratique*, l'épuisement idéologique, le désengagement *citoyen*, le débat sur la mutation *libérale* de la *social-démocratie* ; elle est beaucoup plus grave et plus urgente, plus inflammable…

— Vas-y, accouche, me coupa-t-elle sur un ton neutre.

— Putain, les gens ont fini par comprendre que la *crise*, c'était tout simplement le nom de leur destin ! Même s'il a fallu celle de 2008 avec ses *banksters*, ses politiques *austéritaires* et sa *Troïka*, pour leur ouvrir définitivement les yeux !

Elle reposa le verre d'eau qu'elle buvait à petites gorgées. Elle semblait surprise de mon changement de ton comme de ma longue tirade qui nous éloignait des confessions intimes. Je parlais comme un éditorialiste du *Monde*. Peut-être que je l'ennuyais ?

— Celle-là, c'est la meilleure, tu me la copieras. Les *banksters* ? Quand on voit d'où tu viens et où tu vas, l'argent dont vous vous êtes gavés et ce que ça a coûté aux contribuables…

— Si tu veux, mais mes intérêts ne m'empêchent pas d'être lucide, je n'ai pas un portefeuille à la place du cerveau…

Et comme je ne l'imaginais pas de droite tandis qu'elle devait me fantasmer en suppôt des LR qui proposaient tous d'en revenir au thatcherisme et aux privatisations, je me dis que je pouvais tenter de la doubler sur sa gauche pour la désarçonner. Je poursuivis donc sur ma lancée :

— C'est bien joli de broder depuis trente ans façon « deuxième gauche » sur l'impossible *réforme* du pays ou de dauber sur l'indécrottable *conservatisme* des Français-arc-boutés-sur-la-défense-d'un-modèle-social-archaïque-qui-devrait-s'adapter-à-la-mondialisation. Mais tu crois qu'ils ont tort, ces braves Français dont la seule perspective est de se serrer sempiternellement la ceinture ? Qu'ils ont tort de penser que la financiarisation échevelée du capitalisme, son irresponsabilité criminelle, ses prédations spéculatives et son impunité fiscale pipent les dés de manière désespérante ? Et je ne te parle même pas du résultat du référendum de 2005, ce déni de démocratie impossible à avaler alors qu'il s'agit de la valeur fondatrice et cardinale de l'Europe ! Malheureusement, l'économisme et les limitations de souveraineté vécues à tort ou à raison comme l'allégeance à une sorte de Mammon – ou de Moloch – ont fini de dévorer la politique. D'autant qu'elle n'a plus de projet, plus de vision, alors que tant de mutations demandent à être refondues dans un nouveau cadre. S'ils croient que le *pacte de stabilité* peut faire bander les peuples ! Et tu vois, ce qui me fait le plus mal, c'est que plus le temps passe, plus le pays se fracasse, et plus je pense que notre génération a une part de responsabilité dans ce désastre…

— Notre *génération* ? s'exclama soudain la fille en noir dont le regard, comme hypnotisé depuis le début de ma diatribe, avait du mal à cacher son incrédulité. Tu sais ce que mon ancien éditeur a dit de ce mot ?

— Non.

— Tout individu, mâle ou femelle, qui parle de sa « génération » est un crétin qui veut déjà avoir de l'avancement dans la corruption.

— C'est féroce mais il n'a pas tort, et il se pourrait même que, non contents d'avancer, nous soyons parvenus… et même arrivés !

Est-ce que tu réalises que 90 % des Français pensent que les politiques agissent principalement en fonction de leurs intérêts personnels et 72 % qu'ils sont corrompus ? Seule une minorité fait encore confiance au Parlement et à l'UE. Alors bien sûr que « tous pourris », c'est une rengaine atroce, alors que le pays est bourré d'élus dévoués, méritants, qui se démènent pour leurs ouailles pendant qu'à Paris les grands fauves s'entretuent d'une échéance l'autre au nom du mythe fondateur de la politique française, ce foutu *monarque républicain* à bout de souffle... Et bien sûr que les deux derniers quinquennats ont été ravageurs, révélant coup sur coup, à droite comme à gauche, comme on dit toujours et à mon avis à tort, la même perversion...

— Quoi, le délire égotiste ? l'aveuglement autocentré ? parce que si c'est ça, c'est pas nouveau, et même ce qui pouvait expliquer les velléités acharnées de Sarkozy et Hollande de se représenter au mépris du mépris !

— Je te rappelle quand même que l'un a toujours été vénéré par une partie de son camp alors que l'autre s'est aliéné le sien. Mais je ne parle pas de ça, je veux parler de cette nouvelle posture transgressive qui n'a rien à voir avec elle et qui me fait penser à la pathologie de *pervers narcissique*, dont personne, il y a encore quelques années, n'avait jamais entendu parler, savait ce qu'elle désignait, et qui du jour au lendemain s'est répandue comme un virus, le mot et la chose, à tel point qu'il est devenu impossible d'ouvrir un magazine sans tomber sur des *quizz* afin que les nanas détectent si leurs mecs en sont et vice-versa ! Eh bien, la transgression, c'est pareil : plus du tout l'exception à la règle mais une norme de comportement érigée en nec plus ultra du *leadership*, si l'on en croit les Sarko, les DSK, les Hollande, les Valls et même Macron qui pense l'incarner et la promeut, il appelle ça *faire bouger les lignes*…

— Et comment tu l'expliques ?

— Je l'explique pas, je constate la chose et ses dégâts pour les avoir observés de près, c'est tout. Non mais tu peux imaginer quelle était ma situation en 95, après l'élection de Chirac ? Tricard à mort, comme tout le *staff* balladurien. Heureusement, quand tout s'écroule, il reste encore la « porte-tambour », même si, d'après moi, on a un peu abusé… Pendant que

Bazire se tirait chez Rothschild, exactement comme l'ancien dircab de Sarko au Budget quelques années plus tard, et plus tard encore celui d'Éric Woerth, je suis retourné chez Lazard où je suis devenu associé-gérant, tout comme Messier y était parti après avoir bossé pour Édouard aux Finances après la réélection de Mitterrand, et comme Mathieu Pigasse y était entré après son passage au cabinet de Fabius à Bercy…

— Quel tourniquet ! Et merci les planques… Tu n'auras pas fait l'ENA pour rien !

— Ouais… Pour la faire courte, il s'est passé pas mal de choses entre 1995 et 2007, et je peux t'assurer que les chaises musicales ont swingué. Tout est parti en vrille et en couilles super vite : entre la dissolution ratée de 97 et la *dream team* de DSK aux Finances fracassée sur l'affaire de la MNEF, la réélection calamiteuse de Chirac en 2002 et le non au référendum européen, l'accession de Fouks à la tête d'*Euro RSCG* et la primaire du PS de 2006, la montée en puissance de Sarko jusqu'à son élection, tout aura eu lieu « à la Vautrin », pas de principes, que des événements, pas de lois, que des circonstances…

— Que tu as cautionnées, bien sûr…

— Pas vraiment, disons que j'en ai bénéficié sans moufter. En France, c'est bien connu, les gouvernements et les législatures passent mais les mecs restent, comme l'administration. J'ai quand même cru qu'avec Sarko les choses iraient enfin mieux, j'avais tellement adoré son intelligence, son audace, son courage, sa niaque hallucinante durant cette campagne de rêve, nez dans le guidon et sur les chapeaux de roues… Tu vas trouver ça con, mais j'ai pleuré à son discours de la Porte de Versailles, quand il a parlé de lui comme d'un « petit Français au sang mêlé » clamant haut et fort qu'elle n'était « pas finie la France », « ma France », « ce pays à nul autre pareil », et aussi quand il a dit que la République devait être « irréprochable », l'État « impartial », et que si le pays devait incarner l'ouverture, l'accueil, la tolérance, ceux qui voulaient soumettre les femmes ou les exciser n'y étaient pas les « bienvenus », tu vois, je le sais encore presque par cœur… J'aurais pu tout signer et j'ai voté pour lui tellement je lui ai trouvé du talent. Après, même si ses malheurs conjugaux m'ont touché, j'ai détesté comme tout le monde ses vantardises puériles, son style clinquant de parvenu et sa vulgarité *bling*.

— Tout le monde ne peut pas être un héritier bien élevé. Mais, bon, c'est du passé. Il a été de nouveau battu sans rien avoir appris, s'étant toujours comporté comme un gosse hyperaffectif, poussant des grosses colères et s'énervant très fort en tapant du pied, en même temps que comme un *mâle alpha* de pacotille, humiliant les faibles et s'écrasant devant les forts.

— Un gosse ? Qui a *abaissé la fonction présidentielle* et s'est laissé marabouter par Buisson, ce maurrassien ranci ! Pour le reste, et je ne parle pas de son bilan politique ni des innombrables casseroles judiciaires qu'il a au cul, il aura parfaitement coïncidé avec notre époque obsédée par les paillettes et le marché, le voyeurisme et la curée. Je l'ai bien connu, tu sais… Il ne m'a jamais perdu de vue depuis les années Balladur et m'invitait souvent à venir le voir à l'Elysée, avec ou sans Minc qui était l'un de ses plus fidèles visiteurs du soir, pour discuter de tout et de rien, des futures nominations et des ragots… Je le revois encore pieds sur la table dans le coin salon de son bureau, *Coca Light* dans une main et cigare dans l'autre, le sourire carnassier ouvert jusqu'aux oreilles avec cette manière unique de lâcher « Eh, Guillaume, toi et moi on va pas s'mentir, hein ? Fronsac ça rime avec dans l'sac, ou cul-de-sac ? », un peu moins ramenard et vantard que quand FOG était là, mais toujours à vouloir m'épater avec ses accessoires et ses fringues de marque, que ce soient ses boutons de manchettes Prada (« T'as vu comme ils sont chic ? »), ses chemises Hilditch & Key imitées de BHL (« Mate la coupe sur mesure, t'en as pas d'aussi classe, hein ? »), sa cravate en grenadine de chez Lagonda tellement iconique qu'on l'appelle encore « la Sarkozy ». Et je te dis pas ses toquantes dont il m'annonçait chaque fois le prix avec fierté…

— Il devait te confondre avec Julien Dray ! Il paraît qu'il était constamment maquillé, c'est vrai ?

— Ouais, il avait embauché une maquilleuse à plein-temps, Marina, une pointure qui avait des émoluments d'énarque, fait ses débuts au festival de Cannes et maquillé depuis toutes les stars mondiales du cinoche. Il la couvait, pas question de la prêter à ses ministres, seulement à ses homologues comme Obama ou Merkel pour frimer aux G20. Il en était si jaloux que Rachida et Pécresse étaient obligées de ruser pour se faire ravaler la façade en cachette dans leurs piaules, c'est pas dingue ?

— À mort !

— Aucun politique ne peut plus se passer d'anticernes, de rouge à lèvres ou de blush désormais, comme les petits marquis poudrés de Versailles, mais pour d'autres raisons. Faut croire qu'ils ne jouent plus leur rôle seulement sur les plateaux télé mais aussi en réunion, en meeting, dans les bains de foule, à chaque instant à la merci d'une photo volée, d'une vidéo cachée ou d'un bain de *selfies* quand ils ne sont pas obligés de *chatter* en *live* avec les internautes de *Facebook*. Les images sont devenues tellement puissantes et d'une viralité tellement consubstantielle à l'air qu'on respire que leur existence est devenue une sorte de *Truman Show*, un *soap* aussi faux que nul…

— Hollande aussi ?

— Bien sûr que Hollande a lui aussi sa maquilleuse attitrée *full time*, l'ancienne de

Brice Hortefeux à Beauvau ! Tout pour la com' et la presse...

— Tu le connais ?

— Un peu, je l'ai vu deux ou trois fois chez son plus vieil ami, un type de droite issu d'une famille de notables provinciaux, inspecteur des finances de la promo Voltaire que m'avait présenté un ancien copain de ma propre promo et dont j'ai fait plus ample connaissance au moment où il a occupé un fauteuil ministériel au début de la présidence Sarkozy. Les Gracques, ça te dit quelque chose ? Cet ami de Hollande a été il y a des lustres l'un des inspirateurs de ce cercle, avec une poignée de hauts fonctionnaires sociaux-démocrates ayant fait alternativement carrière dans le secteur public et privé, certains venus aussi de l'ancien cabinet de DSK. L'idée de l'alliance Ségolène-Bayrou au deuxième tour pour battre Sarko ? C'est eux. La promotion de la politique de l'offre ? Encore eux. L'esprit des lois Macron et El-Khomri ? Toujours eux. Mais attention, Hollande n'est pas leur marionnette, ce bon néo-Guizot adhère au *pack* social-libéral depuis 2005, tout comme

Valls et Macron qui a joué le rôle du cheval de Troie…

— C'est quoi ce nom, les *Gracques* ?

— Une trouvaille de Denis Olivennes, inspirée des Gracchus, deux frères qui ont voulu réformer le système agraire romain en faveur du peuple et se sont fait assassiner par ceux de leur caste. Ce qui est assez gonflé puisque même si les Gracques ont raison, et perso je pense qu'ils ont raison, non seulement la majorité des Français n'a pas l'impression que ce qu'ils vitupèrent sous le terme de *caste* leur propose un avenir radieux, c'est le moins qu'on puisse dire, mais il est impossible de leur faire avaler que ces réformateurs périront sous les coups portés par leurs homologues puisqu'ils perçoivent précisément la grande bourgeoisie d'État comme un révoltant gloubiboulga de mélanges des genres, conflits d'intérêts et autres pantouflages dorés sur fond de dérive du système méritocratique républicain.

— Et ce n'est pas vrai ?

— Bien sûr, même si mettre toutes les *élites mondialisées*, comme ils disent, dans le même sac n'a pas de sens. Le problème, c'est pas l'élite indispensable qui a accompli de grandes choses dans le pays et continue, élite qui ne concerne d'ailleurs pas que les instances de l'énarchie et du CAC 40 mais inclut les grands entrepreneurs, les savants, les médecins, les universitaires, les artistes et beaucoup d'autres pointures talentueuses. Non, le vrai souci, c'est qu'en contrepartie de ses statuts et privilèges, la *noblesse d'État*, si noblesse il y a et tant elle est intriquée à la crème des grands patrons et décideurs, devrait se comporter avec exemplarité et responsabilité, honneur même. Or la cupidité mâtinée d'arrogance et la corruption impunie déballée à longueur de *leaks* à travers les réseaux d'influence et les intérêts croisés, ça les gens ne le supportent plus. Pas plus, à tort ou à raison, que les *golden hello*, les stock-options, les parachutes et autres « retraites-chapeaux »...

— Et toi, qu'est-ce que tu fais dans ce maquis doré ? Tu en profites aussi, non ?

— Moi ? Tu connais le mot de Talleyrand, j'imagine : Quand je me regarde, je me désole, quand je me compare, je me console. Là-dessus, je pourrais t'en raconter de bonnes, d'excellentes même, mais bon, si je dis ça, c'est qu'évidemment, j'ai profité du système, ce qui, pour beaucoup de gens, signifie déjà en abuser, mais… comment dire ? J'ai joui de tous les conforts et supériorités qu'offrent les standards français du pouvoir, qui ne sont pas *cheap*, on n'est pas au Danemark… À part ça, rien de pénalement répréhensible, aucun compte planqué en Suisse, pas de manipulation de cours d'actions ni le moindre délit d'initié, mais j'ai bien gagné ma vie et me suis beaucoup enrichi, ça oui, sans doute trop si on rapporte mes profits à mon utilité sociale. Sans compter la certitude que j'ai toujours eue de rebondir quoi qu'il arrive, grâce à mes diplômes et au monde d'amitiés et d'affaires dans lequel j'ai évolué toute ma vie, qui m'a aussi procuré pas mal de bénéfices en termes de *dolce vita*, je ne peux pas le nier…

Je venais de prononcer les mots *dolce vita* quand je vis s'avancer, au seuil du bar, une femme à la minceur ceinturée d'un manteau de cachemire beige, et juchée sur des stilettos… Merde, c'était Juliette, l'ancienne attachée parlementaire passée chez LVMH que j'avais sautée huit ans plus tôt ! Elle était accompagnée d'un barbon chic… Ouah,

Louis ! Son boss avançait un fauteuil vers elle, à dix mètres de notre table. Par chance, on échappait à leur angle de vue. Qu'est-ce qu'il foutait avec Juliette ? Et depuis quand ? Il s'emmerdait pas… Quel traquenard le Meurice… Jamais moyen d'être peinard. Fallait toujours que l'un ou l'autre ramène sa fraise. S'affiche et s'exhibe. Je connaissais trop de monde et trop de monde me connaissait. Quel con. Ça m'apprendrait à frimer. J'arrangerais ça demain. Si Louis m'avait vu, je l'avais pas raté moi non plus, on serait quittes. Et puis zut, je faisais rien de mal ! Lui non plus peut-être… La fille en noir avait remarqué mon trouble mais se contentait de me dévisager au lieu de se retourner pour voir d'où il venait. De toute façon, j'aurais mis ma main à couper qu'elle calculait pas Juliette ni Louis, c'était pas son monde. Je repris comme si de rien n'était :

— Pour revenir à Hollande, c'est pas sa ligne *blairiste* qu'il faut lui reprocher, encore une fois, c'est sa conviction et je la partage. Non, ce qui le rend impardonnable, c'est la transgression sociale-perverse qui a gangrené tout son mandat. Passe encore qu'il n'ait pas tenu ses promesses de campagne, aucun président ne les a tenues, les Français le savent et le comprennent, eux qui se sont si souvent rués sur les marchands d'orviétan pour déchanter ensuite. En bon machiavélien, je dirais que c'est le péché originel de la politique française mais aussi une nécessité de sa *bipolarisation* : rassembler au centre gauche quand on est de droite et au centre droit quant on est de gauche implique le mensonge. Peut-être pas jusqu'au point où il est allé, en racontant sciemment des salades sur ses intentions réelles, en n'affichant pas la couleur de son projet, en désignant la finance comme « l'ennemi » alors qu'il savait très bien qu'il appliquerait la feuille de route gracquienne une fois arrivé aux manettes, à coups répétés de 49.3 si nécessaire, mais après avoir attendu presque deux ans pour le faire, ce temps perdu, putain… Non, la vraie perversion, c'est d'avoir détruit tous les *marqueurs* de son camp pour l'exploser. Tu comprends, sa position n'était pas du tout celle de Mitterrand élu en 81 qui a promis beaucoup, entrepris pas mal, s'est cogné au « mur de l'argent » et a dû prendre le fameux « tournant de la rigueur »… Non,

Hollande et Valls ont tellement voulu *briser les tabous de la gauche* qu'ils ont parfois adopté le discours des LR, voire pire. Et sur tous les sujets : le militarisme, la police, la déchéance de nationalité, le mépris de l'écologie… Je ne voterai jamais pour cette emmerdeuse qui critique tout, ne veut pas s'y coller et ne va pas jusqu'au bout au nom de la préservation de l'appareil du PS, mais Aubry a raison quand elle dit que si « Sarko avait tué la République, nous on a tué la politique ». En attendant, à force de jouer sur tous les tableaux, Hollande s'est foutu dedans et ne pourra pas se représenter. C'est super de se livrer aux contorsions idéologiques les plus acrobatiques en se plaçant sur le terrain de l'adversaire pour détourner sa puissance façon judo, mais encore faut-il être doté d'une adresse diabolique pour pas se casser la gueule !

— Tu vas me trouver frivole mais moi, ce que j'ai trouvé d'absolument rédhibitoire chez ce manager, c'est quand j'ai lu dans le bouquin de son ex qu'il avait transporté les cendres de sa défunte mère dans un sac en plastique de supermarché.

— Ouais, c'est moche.

— Ce genre d'insensibilité en dit davantage que tous les traités sociologiques. Parfait symptôme de l'effondrement symbolique qui nous poigne et contamine de son esthétique petite-bourgeoise chaque cérémonie, chaque commémo, chaque hommage que cette République gestionnaire entend célébrer du haut de sa pauvreté rituelle laïcarde. Quant à la littérature dont il s'est toujours foutu, c'est bien parce qu'il n'en a jamais lu qu'il a commis tant d'erreurs à propos de ses femmes, de ses dauphins et de sa fonction. Sans compter qu'elle lui aurait appris à parler le français qu'il a manié pendant cinq ans comme de la bouillie.

— T'as raison, dans le même registre, j'ignore si c'est Aquilino Morelle qui lui a écrit son discours du Bourget, mais la citation finale attribuant à William Shakespeare ce qui n'appartenait qu'au pauvre Nicholas du même nom, c'était pas top et même ridicule, une bourde parmi tant d'autres…

— Il s'est peut-être vautré sur Internet par fatigue ! À mon avis, ces types, si tu leur dis Besson, ils pensent tout de suite à Éric mais sont infoutus de distinguer Patrick de Philippe !

En attendant, les élections approchent et je suis curieuse de savoir comment tu vois l'avenir…

— Je vais te surprendre, mais je ne crois pas que les Français soient des moutons. Ils sont plus éduqués, plus informés, hyper-connectés, et en ont ras la gueule des mensonges et des abus de pouvoir. Du coup, ils ne se laissent plus faire, se bougent et s'insurgent, trépignent et s'indignent, peu importe qu'ils l'expriment en votant FN pour *renverser la table* ou l'ait bramé sur les places des grandes villes d'où sortent plus de sottises cafouilleuses que d'intelligence articulée, certes…

— Mais c'est normal ! Y a que les ignorants ou les amnésiques qui s'imaginent que les AG de mai 68 étaient toutes peuplées de Condorcet et de Démosthène !

— Ouais, comme il n'y a que les aveugles et les sourds pour ne pas voir que dans la grogne, dans le foutoir chaotique de manifs et de gazouillis, de forums et d'occupations de l'espace urbain, de manifestes et de pétitions en ligne, la révolte gronde et avec elle un désir énorme de refonder la politique, de trouver des issues, d'imaginer, rêver, penser, échanger… Quoi, tu fais la grimace, qu'est-ce que j'ai dit ?

— Rien, c'est ce verbe *échanger* devenu intransitif qui me dégoûte. Tout comme j'en ai ma claque de *porter des valeurs* pour *être en capacité* d'avoir un vrai *ressenti* dans le *vivre ensemble* qui ressemble à une bétaillère…

— OK, mais la politique, c'est bien l'art du possible, non ?

— Qu'est-ce que t'en sais ? C'est si loin de ce que tu fais ! explosa la fille en noir.

— Je suis quand même un citoyen, j'ai des opinions ! En tout cas, je suis sûr que même embryonnaire et tâtonnante, une nouvelle conscience est là, conscience qu'il faut tout faire autrement mais de manière beaucoup plus démocratique, participative et collaborative, écologique et solidaire…

— Pince-moi, je rêve : Guillaume Fronsac annonce la *révolution citoyenne* ! Avec, j'imagine, les pourrisseurs du web et les *trolls* dans le rôle des nouvelles tricoteuses, levant le pouce pour *liker* comme aux jeux du cirque ? C'est quand même pas moi qui vais t'apprendre que les cadres, employés, intellos précaires et des pans entiers de salariés jetables – grosso modo les classes moyennes *houellebecquiennes* – ont toujours été contre-révolutionnaires ?

— Justement, l'obstacle principal a sauté, l'ascenseur social est cassé. Les classes moyennes déclassées dont tu parles n'ont plus l'espoir d'en croquer, de se hisser au niveau de la bourgeoisie installée qui, de tout temps, n'a cherché qu'à « conserver », bloquer toute transformation sociale et a même réussi, ces vingt dernières années, grâce à de nombreux intellectuels jouant aux idiots utiles au nom du *cercle de la raison*, à bourrer leurs tronches avec l'idée que la révolution appartenait aux poubelles de l'histoire au nom des totalitarismes et des meurtres commis en son nom. Or, cette « révolution », je mets des guillemets, n'aurait rien à voir avec le « Grand Soir », rien de commun avec l'ancien espoir révolutionnaire. Universaliste, oui, mais sans le cadre *old school* et la vieille théorie marxiste… C'est un processus entièrement différent, non violent, qui passe par le retour aux fondamentaux démocratiques, par une élaboration programmatique commune et une action de masse pacifique que permet la mise en réseau – non seulement nationale mais planétaire – de tous les êtres humains…

— Tu plaisantes, là ? Tu te la joues vraiment révolutionnaire ? J'ai du mal à te croire…

— Écoute, je vais te dire un truc dont je suis convaincu : même si je me trompe, même si ce n'est pas pour demain, ce changement arrivera après-demain ou encore plus tard mais il arrivera. Regarde autour de toi, tout craque de partout, notre modèle est obsolète et l'aspiration à davantage de démocratie directe est en marche, on ne l'arrêtera plus, le divorce entre le monde politicien et la société civile est consommé, le roi est archi nu, ce qui suffit à juger complètement déphasé le bal *hors-sol* des prétendants à l'Élysée qui feraient bien de revoir de fond en comble leurs *logiciels* antiques. Tu te rends compte, trente candidats il y a six mois ! Et pour quoi ? Faire un *20 heures*, peser dans l'appareil, obtenir un portefeuille dans le futur gouvernement, et toutes ces prétentions risibles sans la queue d'une idée neuve !

— Mais dis-moi, tu me parles de tes anciens maîtres, là ! Fais gaffe… Évidemment que les Français ne gobent plus que la *charge suprême* est écrasante, harassante, monstrueuse, infernale, alors qu'ils ne perçoivent plus que l'aspect « ôte-toi d'là que j'm'y mette, à moi les dorures et les sinécures » façon Père Ubu. L'avidité est trop visible, le désintéressement nul, l'*establishment* dont *tu* participes, triomphant. Mais en même temps, le dégoût des slogans dévitalisés ne les arrête qu'au seuil de l'isoloir, les bonimenteurs de promesses font recette ailleurs, dans le grand barnum médiatique toujours plus hystérique avec son déluge pathétique de *petites phrases* et d'*intox*, de *tweets* et de *buzz*, de *tacles* et de *clash*... Parce que tu vois, le décervelage est devenu une drogue dure qui a réussi la prouesse de se faire passer pour l'expression même de la liberté !

Je sentais bien que mes diatribes n'avaient porté qu'à moitié. La fille en noir ne désarmait pas. Je savais ce qu'elle pensait de moi. Même si j'avais tout fait pour, je n'aimais pas me voir enfermé dans un rôle. Assigné à une case. Surtout par elle. Je croyais avoir déstabilisé ses préjugés en me lançant dans un grand discours enflammé. Je savais bien qu'elle était sensible au brio, aux nuances, à l'autocritique et aux idées. Le brio parce qu'il appartenait au meilleur du XVIIIe siècle qu'elle adorait. Les nuances pour leur indexation à la civilisation qu'elle chérissait. L'autocritique comme preuve ultime d'intelligence. Et les idées parce qu'on avait beau dire, on n'avait rien trouvé de mieux pour faire évoluer la grosse boule maboule sur laquelle nous survivions. Celles que je lui avais servies étaient plus que généreuses, saupoudrées d'un peu d'ondoyance qui en atténuait le dogmatisme. Mais ces envolées pleines de bon sens n'arrivaient pas à faire mouche.

J'avais bien remarqué ses yeux sombres qui d'abord m'avaient jaugé avant de s'adoucir à mesure que mes mots percutaient en direct le lobe préfrontal de son cortex. Est-ce que j'y croyais ? Dans l'absolu oui, bien sûr, ce qui ne portait nullement à conséquence. Après tout, n'étions-nous pas des millions à pouvoir revendiquer le titre de champion de France du meilleur diagnostic politique ? Et après ? *Que tout bouge pour que rien ne change* : c'était notre *motto*. Trente ans que le jeu des alternances avait échoué à vaincre le chômage en laissant filer la dette. À diminuer les inégalités à l'école en abandonnant les classes populaires et la question de l'identité aux simplismes lepénoïdes comme à l'angélisme de la gauche morale.

« Ça va péter »... « Ça va mal finir »... « Les gens vont pas supporter, ils vont se révolter »... J'entendais ces rengaines depuis les privatisations de 1986 et les débuts de la nouvelle alliance entre la haute fonction publique et les milieux d'affaires. Elles ne sortaient pas de la bouche de l'extrême gauche mais des principaux acteurs du *mercato* financier. Ceux-là mêmes qui évoluaient dans les fameuses *eaux glacées du calcul égoïste* et jouaient à se faire peur. Moi, j'avais presque envie d'avoir peur pour de bon, qu'il se passe enfin quelque chose d'inédit. J'étais si las, au fond, de toute cette comédie...

— Tu sais déjà pour qui tu vas voter ? me demanda alors la fille en noir.

— Non, j'attends de voir *l'offre*, comme on dit, et quel sera le rapport de forces. Et toi ?

— Moi ? Je vote pour le Parti surréaliste belge.

Pour toute explication, elle ouvrit son sac à main, en tira une pochette de papier remplie de cartes postales qu'elle fit défiler dans ses mains comme des cartes à jouer. Puis elle en piocha une qu'elle exhiba et où je lus :

VINGT-TROIS HEURES

La fille en noir éclata de rire, raconta qu'elle était passée le matin même à Beaubourg, leva son coude en disant « *cheers !* » et avala son ultime gorgée de champagne. Guillaume avait tenu à commander deux flûtes de Ruinart pour accompagner le dessert qui symbolisait si bien leurs retrouvailles : deux saint-honoré dont ils raclaient à présent les dernières miettes crémeuses dans leurs petites assiettes de porcelaine.

Au son mat des glaçons lâchés dans des verres, au léger cliquetis des couverts dans le bruissement des conversations, ils découvrirent soudain que la salle s'était remplie autour d'eux, maintenant qu'ils s'étaient tus. Des bribes de langue russe flottaient dans cette atmosphère de club anglais saturé de cuir et d'acajou, musique chantante qui se surimposait aux arpèges languides échappés d'un piano. Affalés dans leurs fauteuils crapaud, fourbus par leur marathon parisien, un couple d'Américains âgés, reconnaissable au port d'une casquette de base-ball (lui) et de sneakers dorés (elle), sirotait du cognac en silence. En semaine, de surcroît à cette heure où la présence de tout ce que la Rive droite comptait d'éminences était raréfiée, le rutilant vaisseau *228* n'embarquait plus que des passagers étrangers.

Fronsac demanda l'addition à un garçon d'un geste sec, puis tira son téléphone de sa poche pour vérifier ses messages. La fille en noir en profita pour consulter discrètement le sien à l'intérieur de son sac : aucun message. Elle avait prévenu Nathan qu'elle ne rentrerait pas dîner. Elle se dit qu'elle aurait encore le temps de voir les amis que son mari avait conviés ce soir-là chez eux, à condition de partir dans la demi-heure.

Elle rassemblait son manteau et son écharpe quand un homme d'un certain âge, un peu voûté, le visage sillonné de rides mais la démarche assurée, surgit dans son champ de vision. Leurs regards se croisèrent l'espace d'une ou deux secondes. Elle détourna aussitôt la tête alors qu'il se dirigeait vers le bar.

Elle l'avait immédiatement identifié et n'en revenait pas, frappée comme par un mirage. Ce qui la médusait n'était pas d'avoir reconnu l'élégante canaille qui avait tout osé et tout risqué, le monstre de cynisme et de culot, l'ancienne gueule d'ange qui avait épinglé à son tableau de chasse mondain Aragon et Morand, Adjani et Sagan, Mauriac et Mitterrand, Nathalie Sarraute et Edgar Faure. Non, ce qui la captivait était de voir s'incruster ce personnage si romanesque dans l'ancien théâtre de ses envoûtements et de ses rapines.

Snob et méchant, pique-assiette et talentueux, mi-roué mi-candide, un peu mytho sur les bords et carié jusqu'aux os par la cupidité, François-Marie Banier avait fait ses débuts comme un Tadzio séducteur de vieilles dames, balancé des insolences à ses riches amis pour les distraire à la manière d'un Truman Capote germanopratin, avant de se flétrir comme un vilain Dorian Gray. Elle n'osait pas se retourner pour mieux le dévisager, tout en se disant que qui n'avait vu cette beauté du diable à boucles blondes photographié à l'âge de quinze ans avec Salvador Dalí dans une suite lambrissée du Meurice, vêtu d'un costume trois pièces, le poing sur la hanche et fixant l'objectif de sa phénoménale assurance, n'avait rien vu.

Que cherchait-il à ranimer ou à expier en revenant ici ? Le souvenir des moments heureux que son amie Liliane lui prodiguait naguère dans ce palace, à l'heure du thé, avant de repartir ivre de liberté à l'arrière de sa mobylette ? La douceur de l'anonymat après les tracas et les huées endurés durant son long feuilleton judiciaire ? L'oubli des offenses et du gâchis ? Découvrir cette silhouette vieillie dans le décor de ses années fastes revenait à superposer deux récits, deux temporalités, à ajouter une touche de mélancolie proustienne à la brutalité de l'avidité balzacienne. Et si c'était aussi réciter un poème de beauté corrompue, une fleur du mal vénéneuse, sa conclusion la plus troublante résidait toujours, car l'œil ne cessait d'y revenir, dans ce conflit des âges que le temps avait résolu en conférant au dandy vénal l'aspect d'un éternel vieux jeune homme qui le resterait jusque dans son cercueil.

Occupé à pianoter son code bancaire pour régler la note qu'il n'avait pas daigné vérifier, Guillaume n'avait pas remarqué l'air absent de celle avec qui il se sentait désormais aussi confiant et détendu que si elle avait été une amie de longue date. Et encore moins l'homme qui avait traversé le salon hanté. Trop pragmatique pour filer des romances ou dérouler des songeries à partir des apparences humaines, l'esprit anti-poétique et anti-métaphysique au possible, il avait toutes les raisons de se contenter de l'axiome de son maître florentin selon qui le monde appartenait aux esprits froids. Trop froid pour séduire la fille en noir ? N'ayant jamais été proches dans le passé, inconnus l'un à l'autre depuis trop d'années pour se livrer d'emblée à des confidences, ils s'étaient, en quelques heures seulement, réapprivoisés, pour comprendre où ils en étaient, ce qui les souciait, voire se disputer. Quand bien même ils ne s'étaient pas autorisés à revenir de manière sentimentale sur des petits faits du passé ou les anecdotes triviales qu'ils avaient chacun en tête, ils avaient goûté, comme en creux, les charmes échappés du flacon du temps, ce parfum de leur jeunesse dans lequel flottaient, de manière indistincte, des politiciens emblématiques, des boîtes branchées, d'autres modes et tout ce qui compose ce qu'on appelle l'esprit du temps, en l'occurrence celui des *eighties* friquées et pubardes.

La fille en noir avait pris plaisir à cette soirée et l'en remercia. Elle était heureuse d'avoir filé au nez et à la barbe de ses anciens camarades avec cet homme puissant, encore beau et élégant, et de l'avoir redécouvert dans ces luxueux bars à cocktails. Et elle avait été plus touchée encore par la bienveillance de celui qu'elle s'était tellement représenté comme un requin d'eaux troubles, trop rusé et roué pour être honnête. Bien qu'elle lui trouvât a priori plus de talents que de qualités, pas mal de duplicité, et fût rétive aux jeux de pouvoir qui l'environnaient, elle s'estimait chanceuse d'avoir accédé à une facette plus innocente de lui-même, à cette part de pureté qui semble venir du passé mais qu'en réalité chacun conserve dans le fond de son être et ne consent à dévoiler qu'à ceux qui en furent jadis les premiers témoins. Même si elle n'avait pas ressenti à son contact la gaieté électrique emplie de rires à tous propos et l'enjouement contagieux qui signale l'amour et l'encourage si bien, elle le trouvait assez éloquent et émouvant pour imaginer le revoir. Et peut-être même le garder au secret, dans son stock mental d'hommes fantasmés pour rire ou pour de vrai, sait-on jamais ce que l'existence peut réserver ?

Quant à Guillaume, qu'elle effrayait plus jeune et qui, comme beaucoup d'hommes, était un peu repoussé par son absence de volonté de charmer qui l'aidait à éconduire ses congénères plus légers, il avait pu observer de quel système nerveux découlait le style énergique de ses livres et s'était reformé d'elle une image plus cohérente qui lui plaisait.

Hormis l'impression de l'avoir de nouveau apprivoisée, ce dont il était aussi heureux que d'avoir entrevu ses faiblesses sous sa carapace espagnole, il espérait. Quoi ? Il ne le savait pas trop, mais au moins qu'elle chercherait à obtenir son numéro de téléphone, n'osant même pas lui demander le sien.

Ils sortirent du palace, aussitôt enveloppés par l'air glacé. Des sirènes de police ou d'ambulance retentissaient au loin, du côté du Louvre. Un petit groupe de jeunes gens en tenue de sport, l'air excité, passèrent devant eux, les yeux rivés sur leurs écrans de portables. Peut-être des chasseurs de *Pokémon*.

Guillaume alluma une cigarette. Il voulut arrêter un taxi mais la fille en noir préférait prendre à Concorde la ligne de métro qui l'amènerait directement chez elle. Habitant rue Las Cases où il pourrait rentrer à pied, Fronsac proposa de l'accompagner jusqu'à la station.

Seuls dans la nuit claire, de nouveau saisis par le froid, ils reprirent alors leur marche silencieuse le long de la rue de Rivoli où leurs retrouvailles s'étaient déroulées. Et de nouveau éclairés par ses lanternes, de nouveau enfoncés dans leurs pensées, ils arpentèrent le décor magnifique qui bientôt les séparerait.

Chemin faisant, l'Histoire se rappelait encore à eux, à travers ses hauts faits et ses ruines. Pour la dernière fois de la soirée, l'artère percée sous l'Empire laissa scintiller ses époques englouties dans le charme de ses noms. Ils croisèrent la rue de Castiglione, au bout de laquelle s'élevait l'austère colonne d'Austerlitz, son *Caesar imperator* deux fois déboulonné et deux fois rétabli que ni les Alliés, ni la Commune, ni la République n'avaient réussi à éliminer de la psyché nationale. Du haut de son cylindre verdâtre, la vigie phallique portait son regard de l'autre côté de la Seine, vers sa propre dépouille qui ne gisait pas sous terre mais en l'air et qui, malgré sa théorie de cercueils enchâssés dans son lourd sarcophage de porphyre, continuait d'exhuder ses pompes et ses poisons.

Même s'il fascinait davantage à droite, rares étaient les hommes politiques français à ne pas frétiller au *storytelling* du Superman français.

L'homme providentiel.

L'inspirateur de la « Grande Nation ».

Le nec plus ultra du pouvoir et de la gloire.

Les Cent-Jours comme métaphore du *come-back* toujours possible.

Ces thèmes continuaient de leur parler secrètement, de les stimuler en sous-main après avoir déteint sur les institutions et la culture politique nationale. Ce qui suffisait à prouver que si ces dernières n'étaient évidemment plus royalistes, elles n'étaient pas non plus complètement démocratiques dans leur imaginaire et leurs mœurs. Aussi rengorgés d'occuper aujourd'hui les salons de Murat, le bureau de Fouché ou les boiseries de Cambacérès que l'avaient été autrefois ces hommes pressés d'achever la Révolution en prenant d'assaut les hôtels monarchiques, quels étaient les prétendants actuels au *Château* réellement désireux de purger la Ve République de ses ambiguïtés ? Le président *Jupiterien* avait-il encore un avenir ?

Telles étaient quelques-unes des réflexions qui traversaient l'esprit de Guillaume, tandis que la fille en noir, qui détestait Napoléon, était bien obligée de reconnaître qu'après avoir proclamé lui-même que sa vie avait été « un roman », toute la littérature française en avait été hantée dans ses plus beaux fleurons jusqu'au second Empire.

Et comme ce fragment de Paris n'était pas un quartier comme un autre mais un livre de pierre que chaque pas déchiffrait à ciel ouvert – notamment grâce aux petites sucettes marron, dites « pelles Starck », que la mairie de Paris avait semées par milliers – ils traversèrent, entre la rue Rouget de Lisle et la rue Cambon, l'ancien emplacement de la Salle du Manège où s'étaient d'abord tenues la Constituante, puis l'Assemblée législative et la Convention nationale qui avait, en 1792, aboli la royauté, proclamé la République et conduit le procès de Louis XVI avant d'en voter la mort…

Mais ils n'eurent pas le temps de s'attarder à la pensée de ce lieu magnétique où s'étaient inventés la droite, la gauche, le suffrage universel et la Déclaration des droits de l'homme et du citoyen. Et pas davantage au vide fantomal du palais des Tuileries et du ministère des Finances que moins de cent ans plus tard, de l'autre côté de la rue, les Communards incendieraient sur le mot d'ordre de « Flambez Finances ! ». Car déjà se profilait de biais la sombre paroi de la dernière demeure du prince de Talleyrand, point d'orgue et résumé des innombrables affaires ténébreuses qui les précédaient dans l'espace et le temps.

À sa vue, Guillaume sortit de son mutisme et devint d'une loquacité étonnante. Fasciné comme tous les hommes de pouvoir par le « prodigieux génie politique et diplomatique » de cet insubmersible cynique qui avait servi et trahi sept régimes, embrouillé vingt rois et quinze maîtresses, conspiré, trafiqué, vendu tout ce qu'il pouvait, il louait dans cet être infiniment complexe « un réformiste conservateur et pragmatique », « un vrai visionnaire libéral qui avait été de surcroît le précoce défenseur d'un statut de citoyen pour les juifs et le promoteur d'une instruction universelle et gratuite ».

Bien qu'évêque, assénait-il, n'avait-il pas voté la nationalisation des biens du clergé ? Et rédigé l'article de la Déclaration des droits de l'homme selon lequel la loi est l'expression de la volonté générale, la même pour tous selon qu'elle punit ou protège ? Napoléon avait raison, pérorait Guillaume, Talleyrand était à la fois *insupportable, indispensable et irremplaçable.* Ce à quoi la fille en noir, tout aussi fascinée par les reptations de ce grand useur de parquets mais trop ignorante des méandres de son action pour en disputer, digressa qu'elle avait eu l'occasion de voir, enfant, à l'occasion d'un pique-nique familial non loin du château de Valençay, dans une crypte où sa momie embaumée à l'égyptienne avait été ramenée, son visage jaunâtre et parcheminé qui grimaçait comme un masque derrière une vitre. Une vision d'inquiétante étrangeté qui avait aussi été celle de son premier cadavre et l'avait marquée à jamais.

Le visage du pouvoir ?

Ils avaient, depuis quelques minutes, atteint la station Concorde. Guillaume poursuivait son monologue endiablé, comme possédé, discutant à présent le point de savoir si, selon son mot fameux, le prince du vice et des corruptions avait joui des honneurs de l'exagération ou pas. S'il avait, oui ou non, gardé l'argent promis en compensation à Barras pour son retrait lors du coup d'État du 18 Brumaire. Réellement touché soixante millions de pots de vin durant sa longue carrière. Conseillé seulement l'arrestation du duc d'Enghien ou poussé à son assassinat. Inspiré ou convaincu Napoléon d'instituer le principe d'hérédité dynastique. Été réellement traité par ce dernier de merde dans un bas de soie, etc.

À ce morceau de bravoure, la fille en noir perdit pied. Elle qui plaçait si haut l'esprit dans lequel celui de Sacha Guitry s'était miré avec complaisance, elle cherchait désespérément dans les replis de sa mémoire une phrase qui l'avait récemment frappée dans *Choses vues*, afin de briller à son tour. C'était celle dans laquelle Victor Hugo écrivait de ce personnage étrange et redouté qu'il était *noble comme Machiavel, prêtre comme Gondi, défroqué comme Fouché, spirituel comme Voltaire et boiteux comme le diable.*

Mais elle eut beau se creuser la cervelle, elle ne retrouva pas cette formule d'auteur qui aurait si bien conclu leur soirée.

À cette heure, dans l'air sec et pur où elle luisait encore de mille feux, la circulation clairsemée rendait à la place de la Concorde son espace démesuré. S'il faut toujours faire preuve d'attention aux choses pour espérer les penser, une tête plus métallique que celles de nos deux amis aurait vérifié sans peine que la place la plus française de France était inhumaine. Et pas seulement à cause de sa froideur minérale ou de ses mornes statues allégoriques.

Matérialisant un vide, comme l'avait bien vu Malaparte, son volume déployé entre la rue Royale et le Palais-Bourbon représentait une abstraction, une figure de l'impossible, raison pour laquelle aucun édile n'avait été assez fou pour oser en faire autre chose qu'un défouloir à bagnoles. Trop Louis XV, trop royale, trop élégante, rebaptisée dare-dare pour faire oublier les dévorations de 1793, le peuple qui ne s'était pas trompé à sa nouvelle dénomination Potemkine ne s'y rassemblait pas, n'y flirtait pas, ne s'y promenait pas, n'y manifestait pas. Enfin plus, surtout depuis que les ligues fascistes s'étaient déployées dans son bel espace octogonal pour tenter d'abattre la République le 6 février 1934 en faisant vingt morts. Jacques Chirac et Nicolas Sarkozy y avaient bien fêté leur victoire mais à échelle réduite, comme dans un coin du tableau, confinés dans l'entre-soi de leur électorat. Pour ce qui concernait la révolte et l'enthousiasme, les grandes convulsions et les marches unitaires, le cœur de Paris battait ailleurs, à la Bastille, à la Nation, place de la République très souvent, et plus souvent encore depuis qu'à la faveur de sa transformation en esplanade ludique à l'esthétique neutre, elle s'était accouchée en lieu de mémoire et néo-forum.

Certes, la Concorde voyait chaque année défiler les militaires du 14 Juillet et tourner les vélos du Tour de France. Mais ces parades s'y dispersaient devant les tribunes officielles où elles venaient mourir, sans meubler l'espace dont les services de sécurité défendaient par ailleurs les accès à la foule. Non, trop mathématique et trop civilisée, la place de la Concorde défrisait un peuple régicide dont la passion politique était la discorde et la guerre civile, le ver rongeur.

C'était physique, c'était symbolique, symbolique *parce que* physique.

Et logique.

Après tout, et ce « tout » résumait la grande affaire, la tête du roi avait roulé sur ce sol gorgé de sang, décapitée par *le rasoir national.* Et si, depuis cet événement considérable qui avait coupé son histoire en deux, le pays n'avait cessé de buter sur ce trou impossible à remplir, ce vide impossible à combler, force était de reconnaître que cette vérité teintée de culpabilité aussi inexpiée qu'inavouable s'éprouvait ici, à l'œil nu, en embrassant du regard cette place inhabitée et inhabitable.

Quel dommage que le Crillon soit fermé pour rénovation, se dit Guillaume, qui regrettait maintenant que la fille en noir puisse disparaître d'une seconde à l'autre dans l'escalier du métro et aurait pu, sans ça, lui proposer d'aller y boire un dernier verre.

Son regard flotta sur les bâches qui répliquaient en trompe-l'œil ses colonnades et ses balustres. Il revit alors l'immense suite dorée de sa nuit de noces, une surprise concoctée par Hortense qu'il découvrirait au sortir de leur soirée de mariage au Pré Catelan, soirée assez guindée où s'étaient succédé les mets et les toasts innombrables, et où il avait fallu faire le tour de toutes les tables d'invités avant d'aller danser dans l'air tiède de cette belle nuit de juin. Illuminé par ce souvenir, il se repassait à présent le film au ralenti, jouissant de tous ses plans : l'arrivée en taxi à trois heures du matin sur la place sombre et déserte, le fourreau de taffetas de soie ivoire de sa jeune femme qui brillait comme une luciole dans l'obscurité, le noble volume de l'hôtel pareil à celui d'un palais, le concierge à demi endormi sous sa veilleuse, puis les glaces de l'ascenseur où il s'était vu, les yeux cernés, le visage aussi froissé que son costume de lin beige, enfin la découverte ahurie de cette suite outrageusement ornée et décorée, avec son grand salon Louis XVI et ses dizaines de meubles dont ils n'auraient que faire, pas plus que de tous les sanitaires à robinetterie dorée de la salle de bains en marbre de Carrare et de la vaste chambre tendue de soie jaune dont ils ne convoitaient à cette heure que le lit, le lit trop grand lui aussi, ce lit immense où sitôt dévêtus ils s'étaient abattus, trop ivres et trop fatigués pour faire l'amour, ce lit gigantesque où même en étirant leurs membres ils ne parvenaient pas à se toucher. Tu parles d'une nuit de noces… Mais Dieu merci, ils s'étaient rattrapés le lendemain matin, après le petit déjeuner, divin petit déjeuner… un mirage qui avait roulé jusqu'à eux comme par magie et que Guillaume revoyait aussi, à travers sa corne d'abondance qui débordait d'un chariot étincelant d'argenterie et de vermeil et qu'ils avaient accueilli en sautant du lit de bonheur, se jetant sur le festin avec appétit, sur les carafons de jus frais et les œufs brouillés parfaits, les beurres fins et les toasts dorés, les viennoiseries fondantes et les fruits d'été succulents, et toutes les confitures qu'ils avaient voulu goûter, et le miel aussi, avant d'épousseter les miettes des draps et d'abandonner leurs peignoirs moelleux pour se remettre au lit et s'étreindre enfin, baignés dans les rayons d'un soleil matinal qui faisait flamber leur chambre de soie bouton d'or au centuple…

Saisi par cette chaude bouffée de lumière, la réminiscence de tous ces plaisirs enfuis, Guillaume aurait donné à cet instant tout ce qu'il possédait pour revenir à ce point brûlant du temps, comprenant qu'il n'avait jamais été plus heureux depuis, jamais plus, et aussitôt foudroyé par le désir fou d'y reprendre une chambre afin d'y entraîner avec lui la fille en noir, non pour l'aimer ni s'endormir dans ses bras, cela ne l'effleurait pas, mais pour le désir éperdu de revivre une fois, rien qu'une fois, cette matinée d'ivresse…

Et quand son fantasme se dissipa, que la vision bienheureuse se fut évanouie dans la froidure de ce mois de novembre, il perçut de nouveau la voix grave de la fille en noir qui lui demandait s'il avait eu l'occasion d'assister au défilé célébrant le Bicentenaire de la Révolution le soir du 14 juillet 1989. Et comme Guillaume n'avait pas été à Paris cette nuit-là, déjà parti en vacances dans la propriété familiale de sa femme où il n'en avait vu, hélas, que quelques images à la télévision, la fille en noir raconta.

Elle raconta d'abord comment, grâce à son job de *speechwritter* auprès du patron d'une importante entreprise publique travaillant avec le cabinet de Jack Lang, elle avait été mêlée de près aux répétitions et aux préparatifs de cet incroyable spectacle animé par six mille figurants censé illustrer avec humour et panache la devise républicaine et la démocratie durant trois heures. Elle raconta qu'elle avait été heureuse d'y assister, vêtue de sa plus belle robe d'été, en compagnie de son petit frère de seize ans qu'elle avait fait bénéficier du privilège d'être invité dans l'une des tribunes officielles dressées devant l'hôtel de la Marine, parce qu'elle n'avait que deux places et personne d'autre dans sa vie qui méritât davantage que lui ce plaisir… Elle raconta comment Jean-Paul Goude, imprégné de la vulgate faisant de la Révolution française la matrice de toutes les autres, avait voulu éviter la reconstitution historique en choisissant la parodie pour ses douze tableaux vivants conçus comme autant d'hommages décalés au passé révolutionnaire des peuples. Et comment il avait magnifié la beauté des corps asiatiques, caucasiens, africains, maghrébins, dont tous les drapeaux fraternels s'envolaient dans le ciel…

Elle raconta leurs danses et leurs chants, leurs costumes et leurs instruments de musique, les tambours omniprésents ainsi que les flûtes et les accordéons, les cornemuses et les trombones, les hautbois et les binious, les vielles et les cornemuses…

Elle raconta les graves Chinois à vélo évoquant l'occupation récente de la place Tienanmen, le lent pas de l'oie des Russes sous la neige artificielle dispersée au canon, les Noirs américains jazzant à reculons, sans oublier les pyramides de bidons guinéens, les régiments écossais, les majorettes de Floride… Elle raconta ensuite, et en détail, l'hommage à la France ouvrière et industrielle symbolisée par la locomotive mythique de *La Bête humaine* accompagnée des « Tambours du Bronx », lesquels ne venaient pas de New York mais de la Nièvre, où ils étaient fils et petits-fils de cheminots… Elle raconta cette vision féerique sans oublier la folle inventivité des silhouettes graphiques qui célébraient le constructivisme, l'énorme ours blanc qui patinait avec une minuscule ballerine, ainsi que les poneys peints en zèbres… Puis elle raconta le clou, le plus étonnant des tableaux : la ronde somptueuse de gigantesques valseuses à chapeaux et jupons noirs démesurés tournoyant sur elles-mêmes et tout autour de la Concorde grâce à leurs plateaux à roulettes. Une dizaine de beautés orientales qui tenaient chacune sur ses hanches, en guise de cavalier, un jeune enfant sublimé par son adorable costume et le drapeau de sa nationalité…

Revenant en arrière, elle s'attarda sur les Sénégalais sculpturaux et facétieux, seigneurs de la danse et de la joie, sur leurs dents blanches de rires dans la nuit comme celles, éclatantes, de l'immense cantatrice noire américaine drapée dans sa robe de soie bleu blanc rouge, l'impressionnante et souveraine Jessye Norman qui, telle une statue de chair, avait chanté *La Marseillaise* au pied de l'obélisque tandis qu'un vent de liberté gonflait les amples volumes de sa robe drapeau dessinée par Azzedine Alaïa et qu'éclataient partout fusées et feux d'artifice…

Elle lui raconta même combien cette soirée exceptionnelle avait marqué une date inoubliable dans son existence puisqu'elle avait coïncidé avec le début de son aventure clandestine avec Nathan rencontré en avril, courtisé en mai, aimé en juin, épousé l'année suivante. Nathan qu'elle n'avait pas invité dans les tribunes par discrétion, préférant le convier au cocktail qui avait suivi au Pavillon Gabriel où elle avait ses entrées et s'était bien amusée, deux heures durant, à le croiser, le frôler sans cesse en feignant de ne pas le connaître car il y avait du monde et surtout leurs « ex »…

Pour finir, elle asséna qu'à l'inverse de la droite grincheuse et des pisse-froid qui avaient tiqué devant ses *tribus* et son *métissage,* et continuaient d'ailleurs d'incriminer aujourd'hui *l'idéologie antiraciste*, cette *Marseillaise* époustouflante de beauté et de virtuosité qui, bien évidemment, tenait davantage du divertissement, du show, du *melting pot* visuel que d'une stricte mise en scène de la signification politique de la Révolution française, n'en était pas moins la dernière commémoration d'un événement historique dont la République comme la société française eussent pu s'enorgueillir. Car depuis cette date, tant pour cause d'incurie symbolique au sommet que de délires communautaristes et d'aveuglements politiquement corrects exacerbés par les *ultimi barbarorum*, les encéphalogrammes de l'une et de l'autre étaient au point mort.

Guillaume hocha la tête en signe d'acquiescement, les yeux voilés par la mélancolie. Il tripotait nerveusement un bouton de corne de son *duffle-coat* en fixant le macadam. Rétrospectivement, il ne savait pas ce qu'il regrettait le plus, son amour ou l'insouciance de sa jeunesse, d'avoir manqué ce formidable événement ou la fille en noir.

À présent, elle manifestait son désir de s'en aller. L'heure tournait. Mais ce n'était pas fini, il y avait encore quelque chose. Cette chose dont il voulait avoir le cœur net. Liée à cette question qu'il voulait et ne voulait pas lui poser depuis le début de la soirée et qui était venue s'échouer dix fois sur ses lèvres muettes. Alors, il se lança, comme on saute dans le vide :

— Tu te souviens de cette soirée où on s'est embrassés comme des fous ?

— Pas du tout, mentit-elle. C'était quand ? Et où ?

— À un raout du Caca's Club au *Spleen*, il me semble… J'étais très raide, toi aussi d'ailleurs, mais je l'ai peut-être rêvé…

— Et tu n'en rêves plus ?

— Peut-être…

À ces derniers mots faiblement prononcés, elle s'approcha de lui, tendit son visage vers le sien et déposa sur ses lèvres un baiser plus léger qu'un papillon tout en glissant furtivement sa carte de visite dans la poche gauche de son manteau. Puis elle pivota avec rapidité sur elle-même en direction de l'escalier sans se retourner.

MINUIT

La fille en noir disparue, Guillaume demeura étourdi. Et interdit. Décontenancé par ce fantôme de baiser, il se demandait s'il lui avait été accordé pour compenser l'oubli du précédent, celui, charnel, et encore si réel d'il y a trente ans qu'elle avait peut-être réellement zappé ? Ou seulement feint d'oublier ? À moins qu'elle ne s'en fût parfaitement souvenue et n'eût consenti ce soir qu'à un faible décalque en attendant mieux ? Le chef-d'œuvre d'ambiguïté de sa dernière réplique pouvait le laisser penser. Aussi s'égara-t-il dans un dédale d'hypothèses.

Surpris par ce léger contact avec ses lèvres, il n'avait pas eu conscience de son autre geste malicieux. Mais sitôt le poing replongé dans sa poche, ses doigts butèrent sur le petit rectangle de bristol. Ayant manqué de courage, il fut heureux du sien. Ainsi elle l'engageait à la recontacter et son invite s'établissait par une prémisse tendre et joueuse : message reçu.

Guillaume avait froid et désormais hâte de rentrer. Il traversa d'un pas rapide la place éclairée jusqu'au pont de la Concorde. Des paillettes de lumière brillaient sur la Seine où quelques péniches dormaient tous feux éteints. Il entendit l'écho assourdi de nombreux pimpons d'urgence venus de la rive droite. Comme d'habitude, son regard s'attarda au dernier étage du stupéfiant immeuble Arts déco érigé de l'autre côté de la rive, quai Anatole France. Sa tourelle surmontée d'un clocheton et sa loggia au-dessus de laquelle se déployait une immense baie vitrée semi-circulaire l'avaient toujours fasciné. Entraîné par Nicolas Bazire, il y avait rencontré jadis Philippe Séguin à l'occasion d'un dîner chez Marie-France Garaud, vestale gaullienne du feu sacré régalien qui voulait convaincre son cadet dépité par l'opportunisme du « grand con » – comme il appelait Chirac – d'écrire avec elle un pamphlet contre Maastricht. Il revoyait ce petit groupe d'anciens magistrats de la Cour des comptes, si fiers de tenir la dragée haute à un État toujours trop dépensier. Et de nouveau il se souvint combien il avait été frappé par la personnalité terriblement sympathique du colosse pied-noir aux yeux pochés, sa grosse voix rauque de fumeur, sa boulimie de nourriture et de batailles. Lui revenaient aux oreilles les explosions de son rire tonitruant, qui l'avaient presque autant interloqué que les coups de gueule souverainistes entrelardés de fines vacheries de leur hôtesse, Machiavel en jupons dont les jambes sexy sous la jupe droite contredisaient la sévérité du chignon. Du coup, lui revint aussi la voix métallique de cette implacable éminence grise qui s'était prise d'affection quasi maternelle pour Séguin, le *coachant* après sa sortie de l'ENA du temps où son avenir s'annonçait radieux…

Comme tout cela était loin.

Loin et mort.

Comme à cette heure ce machin néo-grec devenu l'Assemblée nationale de la désunion sacrée et de tous les coups bas.

Winter is coming.

The winter of our discontent.

L'hiver de Westeros et de Richard III où se répétait toujours la même sale histoire d'occasions manquées et de promesses trahies, de légalité mal ourdie et de légitimité tronquée.

Il pressa la marche jusqu'à la place carrée et déserte du Palais-Bourbon, qu'il traversa en contournant la statue de la Loi. Un pincement de remords le saisit à hauteur de la devanture de Moulié. Ses pensées revinrent vers Hortense. Depuis combien de temps ne lui avait-il pas offert un bouquet de fleurs ? Il se rendit compte qu'il avait laissé filer le printemps sans lui offrir celles qu'elle préférait, camélias, tulipes, lilas, muguet… Négligé l'été dernier sa passion des pivoines et des hortensias. Et même les agapanthes qu'elle aimait tant voir fleurir à l'automne.

Mordu par les regrets, il se demandait à présent, sans pouvoir y répondre, à quand remontait la dernière fois où il l'avait accompagnée un dimanche matin au marché faire l'emplette de beaux légumes et d'une corbeille de fruits, avant de déguster en terrasse un capuccino bien crémeux. Les saisons s'étaient enfuies et il avait oublié leurs trésors, dédaigné les cycles trop rapides de leurs splendeurs éphémères. Le temps le dévorait sans qu'il jouisse une seconde de ses lenteurs, sans qu'il en tire le moindre suc.

Où étaient les heures veloutées ?

Où était la beauté des choses ?

Avait-il mis cette année une seule fois les pieds dans un jardin ? Fait une promenade dans une forêt ? Nagé dans l'eau fraîche d'une rivière ? Avait-il flâné au Louvre pour découvrir ou revoir des tableaux aimés ?

Non, l'hiver était venu et avec lui l'engourdissement qui prélude à la mort.

Dura lex sed lex.

La dure loi qui régissait son existence ?

Qui avait dit que dans les sociétés moribondes, l'ambition satisfaite a le goût amer de l'échec ?

Il ne s'en souvenait plus.

Il ne lisait plus.

Honteux soudain que tant d'opulence masquât tant de misère, il poussa d'un coup de pied la porte cochère de son immeuble après avoir composé le code, ne retrouvant son calme qu'en foulant l'épais tapis d'escalier pourpre dont chaque marche exhibait sa tringle de cuivre impeccablement astiquée, aussi brillante que les boutons des uniformes militaires un jour de parade.

L'ordre régnait.

L'ordre qui est le jumeau de la mort quand le plaisir le déserte.

L'ordre qui est le plus grand plaisir de la bourgeoisie et de l'État.

L'ordre et sa tranquillité si violente qu'elle donne parfois envie de hurler.

L'appartement était silencieux et plongé dans la pénombre. Hortense avait juste laissé une petite lampe allumée sur la console de l'entrée. Comme chaque soir, le vide-poche de feutrine vert anglais, que sa femme avait chiné dans un lot *vintage* Hermès au motif que le H surpiqué répliquait l'initiale de son prénom, accueillit ses clefs. Au bout du couloir moquetté de gris perle, la chambre de Mathias laissait échapper en sourdine les sons confus d'un film ou d'une série qu'il devait regarder sur son ordinateur avec son frère.

Après avoir pendu son manteau sans oublier d'y récupérer la carte de visite de la fille en noir, il pénétra dans le salon et se laissa tomber dans l'un des trois canapés de cuir taupe qui entouraient une immense table basse laquée noire à piètements chromés. L'ordre aussi régnait sur cette surface glacée où de vieux numéros de *La Gazette Drouot* et des catalogues d'expos au cordeau s'empilaient symétriquement autour d'une coupelle en verre soufflé de Murano. Les effluves boisés d'une bougie d'opopanax flottaient encore dans l'air. Guillaume était si souvent absent et coupable qu'il avait laissé sa femme décider de tout pour les meubles et la déco. Et même s'il y retrouvait l'élégance et le raffinement qui lui avaient tant fait aimer la jeune femme éprise d'art, il se sentait davantage chez elle que chez lui et comme en visite.

Son regard glissa lentement sur la *Womb chair* orange d'Eero Saarinen, le lampadaire *Pirrellone* de Gio Ponti, le tirage d'Ed Ruscha contrecollé sur carton gribouillé où s'étiraient les palmiers d'Hollywood Boulevard. Le plaisir aristocratique de déplaire n'avait jamais enivré Hortense. Son bon goût chic, en revanche, avait coûté plusieurs bras à son mari qui se disait qu'il avait surtout transformé leur appartement en *show-room* digne des meilleurs pages d'*Ideat* et d'*AD*. Impeccable. Zéro défaut. Il se demandait s'il aimait vraiment ces objets et s'ils étaient beaux. Peut-être. Il ne voyait en réalité que les courbes du point d'interrogation composé sur le mur par la fameuse étagère *Bookworm* de Ron Arad. Quelle ironie.

Il imagina brusquement la fille en noir dans ce salon. Il repensa alors à toutes les filles venues étudier rue Saint-Guillaume pour y chercher un mari. Et aussi aux ambitieux de sa trempe qui ne souhaitaient pas seulement épouser des jolies filles, mais aussi des familles, riches et influentes si possible. Il n'avait jamais su d'où venait la fille en noir, il ne lui avait jamais posé de questions personnelles. Il ne savait rien d'elle, il s'en était toujours foutu et continuait d'ailleurs. À quoi bon désormais ? Le passé lointain que leur conversation n'avait pu fixer remontait à présent en lui par vagues, alors qu'il était enfin au calme. Et il réalisa que s'il n'avait pas cherché à en savoir davantage sur elle à Sciences-Po, c'est parce qu'il la voyait déjà comme une *maverick.* Rebelle aux codes en vigueur. Toujours à traîner avec les types les plus improbables de l'école. Avec une sorte d'absence aux autres et toujours l'air de penser qu'elle était là par erreur. Que la vraie vie était ailleurs.

Il l'avait vue deux ou trois fois se faire refiler de la coke en douce par Jim, l'un des bibliothécaires du bâtiment de l'année préparatoire, rue de la Chaise. Quand elle ne débarquait pas directement du Palace à la conférence de méthode de huit heures, les vêtements fripés et la tête à l'envers. Il se souvenait qu'à l'époque il trouvait tout ça énorme. Et assez risible. D'autant plus que la rue Saint-Guillaume n'était pas encore devenue l'arène des frasques *border line* de *Richie*, le directeur-énarque défoncé que les *millenials* aduleraient comme une rock-star. Les mœurs étaient alors différentes, une certaine tenue régnait. Et pourtant, bien qu'il se fût souvent offusqué de voir la fille en noir gâcher sa réputation et ses résultats, elle lui avait toujours plu, il l'aimait bien. Autant que son teint mat et ses lèvres rouges. Auraient-ils pu avoir une histoire ? Il n'aurait pas dit non mais n'avait jamais vraiment eu l'occasion de la séduire. Bien que beau gosse et beaucoup plus intelligent que la moyenne, il avait toujours eu l'impression qu'elle le trouvait trop sérieux, trop lisse et faussement déconneur, même s'il se joignait volontiers aux aristos et aux fêtards dégénérés qu'elle fréquentait.

Attachante car tout d'une pièce, il l'avait toujours connue tour à tour enthousiaste et maussade, passionnée par certaines matières, haïssant les autres. Ce qui la rendait brillante ou nulle, c'était selon. Si elle touchait sa bille en droit constitutionnel et en histoire, il ne comptait plus les fois où il avait dû la laisser lorgner sa copie durant les examens de droit administratif, quand il leur fallait commenter des décisions du Conseil d'État auxquelles elle ne comprenait rien, se prenant les pieds dans le maquis des attendus, ramant dans la jurisprudence… Et toutes ces heures qu'il avait passées à essayer de lui faire comprendre les subtilités des lois de finances et des statistiques où elle n'entravait que dalle…

Cela faisait un moment qu'il tripotait la carte de bristol, caressant du bout des doigts le léger relief des signes qui y étaient gravés. S'il n'était pas question pour lui de l'appeler, il pouvait toujours lui envoyer un texto. Depuis qu'il était en âge de manier des affaires, celles du pouvoir et du cœur, il savait qu'il ne fallait jamais rien lâcher ni remettre à plus tard.

Battre le fer tant qu'il était chaud.

Maintenir la pression.

Bloquer la porte du pied dès qu'elle s'ouvrait et ne pas hésiter à passer par la fenêtre si elle restait fermée.

Il ne savait pas trop ce qu'il comptait faire de ses retrouvailles avec la fille en noir. Maintenant qu'il l'avait revue en chair et en os, il était certain de ne plus vouloir la laisser s'échapper. Nous resterons en contact, se disait-il, je la verrai de temps en temps, et davantage si affinités… N'ayant jamais préféré la chasse à la prise, mais un peu lassé des bagatelles sans lendemain avec des pétasses en Jimmy Choo, Guillaume imaginait se contenter, du moins dans un premier temps, des plaisirs d'un marivaudage stimulé par les ambiguïtés d'une conversation animée tout autant que par les entrechats vif-argent d'un intérêt renouvelé. L'occasion, le moment : il ambitionnait ces ouvertures du destin qui sont au libertinage ce que les trois coups frappés en coulisse sont à l'aventure théâtrale. Les concevoir, les provoquer, les favoriser, en anticiper le décor et le protocole l'excitait. Et il désirait de nouveau être excité, se sentir surpris, hardi, cueilli. Avec une amie connivente dont il partageait les mêmes références, une femme qui avait bien vécu et mûri, il n'envisageait plus que ce genre de jeu pour se sauver de toutes les glaciations mortifères. De l'ennui surtout.

Le jeu de l'amour et du hasard.

Le seul vrai *Grand Jeu*.

Il sortit son téléphone et créa un *nouveau contact* afin d'introduire ses coordonnées. Pas question d'afficher son prénom et son nom. Elle n'écrivait pas sous pseudonyme mais il lui préférait son nom de code : *La fille en noir*. Puis il déroula sa fiche jusqu'à *envoyer un message*, cliqua son numéro de portable et vit apparaître le mini-rectangle blanc au-dessus du clavier. Inutile de faire long, se dit-il encore. Aucun épanchement. Zéro lyrisme. Opter plutôt pour la concision pleine d'esprit, la brièveté ludique qui l'intriguera.

Il fixa l'écran luminescent durant de longues minutes, hébété, comme idiot, tournant diverses phrases dans sa tête. Puis les mots lui vinrent enfin et il tapa : « La fille en noir a été, est et sera. J'ai une autre surprise pour toi. Je te rends ton baiser. G. »

Souriant *in petto* à ces *points* et à ce *G*, il se retint d'ajouter une rafale d'*émoticônes* colorées qui ne seraient sans doute pas de son goût, et appuya sur *envoyer*, le cœur battant. Puis il partit se coucher, satisfait de son audace.

Aucun rai de lumière et pas le moindre son ne filtraient plus des chambres de Mathias et Barnabé qui faisaient sans doute semblant de dormir pour échapper à la séance vespérale de questions et remontrances paternelles. Tant pis. Guillaume les verrait au petit déjeuner, tout barbouillés de sommeil et encore moins disposés à lui parler de leurs dernières conneries au bahut. Il ne put s'empêcher d'exhaler un soupir, ce qui lui arrivait de plus en plus souvent. Surtout quand il était seul à errer dans l'appartement silencieux ou, comme maintenant, à faire sa toilette dans la salle de bains.

Il se faisait du souci pour eux et s'interrogeait sur ses responsabilités. Les siennes et celles de la société à laquelle il adhérait sans y penser. Non qu'il la trouvât bonne, elle ne l'était pas, mais on ne pouvait pas la rendre responsable de tout. Du coup, il se demandait s'il avait assez armé moralement ses enfants pour l'améliorer. Ou s'il avait passivement organisé leur déroute en sous-estimant le nihilisme. La désymbolisation de masse, le déracinement de la parole, l'absence de limite, l'expérimentation humaine, le rabâchage des trompettes du fric et de la célébrité, la déréalisation induite par la virtualité, la prolifération des psychismes *border-line* fragilisés, l'info continue orchestrant la publicité de l'ensemble… De tout cela dérivaient *aussi* les tueries de masse, les attentats ciblés ou aveugles commis par ces pauvres types frustrés dont il était inutile de savoir s'ils étaient déjà nazes avant d'être endoctrinés, endoctrinés parce que nazes, s'ils étaient complètement fous, quasi fous ou demi-fous d'agir comme les zélotes d'une religion folle alors que dans presque tous les cas ils n'en connaissaient rien, n'observaient aucun rite mais tout au contraire trafiquaient, fumaient du shit, faisaient la fête, baisaient des filles et des garçons, preuve que l'islamisme était une politique, une politique malade, et du pire, d'essence totalitaire, même si ceux qui, de plus en plus nombreux et de plus en plus souvent, passaient à l'acte pour résoudre leur haine de soi et sublimer leur pulsion de mort dans le Spectacle, n'étaient pas seulement des Arabes encouragés par certaines sourates coraniques et le *killer-kit* du nouveau Califat *uberisé*, mais aussi le Norvégien d'extrême-droite Anders Breivik, le pilote allemand suicidaire de la German Wings, et beaucoup d'autres tarés dont on avait oublié les noms mais pas que leur jus narcissique ressentimental avait mijoté au court-bouillon du fumier planétaire. Un chaudron de sorcières qu'aucune politique d'extrême droite ou d'extrême gauche, de droite ou de gauche ou du centre, il fallait être lucide, ne transformerait en source d'eau claire.

Sans craindre le départ de Mathias et de Barnabé en Syrie, cette hypothèse le faisait franchement rigoler, Guillaume redoutait d'autres dérives tout aussi criminelles. Accros au web et aux jeux vidéo comme tous ceux de leur âge, enfermés dans leur bulle de pixels où défilaient décapitations et films porno à gogo, il n'était pas impossible qu'ils aient un jour la lubie d'acheter de la dope ou des armes sur le *Darknet*, de poster des trucs graves sur les réseaux, d'y relayer des infos diffamatoires, voire, qui sait, d'organiser leur suicide avec d'autres désespérés s'ils allaient trop mal. Qui savait ? Qui savait ce qui se passait dans les cervelles de tous ces ados qu'il fallait désormais surveiller comme le lait sur le feu ? L'idée qu'ils se faisaient d'une vie réussie d'adulte semblait exclusivement colorée par l'argent et la gloire médiatique du statut social. L'avidité numérique démultipliée par les opérateurs de l'individualisme technicisé était devenue leur catéchisme, avec son cortège d'envie, de mimétisme, de voyeurisme, de compétition débile arraisonnée par le chiffre. Dans ces conditions, assumer la condition de parent, pour qui se souciait de contrecarrer ces effets mortifères, nécessitait désormais, Guillaume en était convaincu, une attention sacerdotale à plein-temps et une somme de sacrifices dont son égoïsme avait été bien incapable.

Il n'était pour rien dans les cartes inédites à double tranchant qu'ils auraient plus tard en main et que le capital vendait d'ailleurs sur toute la terre comme le Graal : l'ubiquité numérique, les facilités du *low-cost*, la gratuité de pans entiers du patrimoine culturel universel, des possibilités d'innovation technologique et de recomposition de l'existence collective inouïes. Avait seulement incombé à Guillaume la responsabilité de leur forger le caractère, comme de leur transmettre l'héritage classique de valeurs et de culture dont il remerciait encore à ce jour ses propres parents, afin qu'ils s'engagent à leur tour dans l'aventure alors que tant d'effroyables défis terrassaient les humains.

Ai-je réussi ? se demandait-il.

Pas vraiment, s'avouait-il.

Et quand bien même il aurait accompli cette mission quasi impossible avec succès, il n'était pas certain que ses enfants aient la volonté et la force de s'emparer du sceptre. Peut-être moins encore que leurs aînés, ce qui n'était pas peu dire. Car si Guillaume n'avait jamais cru à la *fin de l'Histoire* alors qu'elle arborait de nouveau un visage tragique après des décennies d'émollience ; s'il se demandait chaque jour ou presque où étaient les Mirabeau et les Churchill postmodernes censés révéler leur grandeur à l'épreuve des circonstances, il ne voyait gésir au sol que leurs moules brisés. Du champ de ruines de l'ancien cadre anthropologique explosé par l'ère du Management n'était sortie qu'une théorie de petits hommes amnésiques et atones. Une ribambelle de marionnettes ternes, interchangeables, indéfiniment remplaçables par leurs clones – ses semblables, ses frères…

Il poussa la porte de sa chambre à coucher. Adossée à ses deux gros oreillers de lin crème, Hortense posa aussitôt le livre qu'elle était en train de lire. Il eut à peine le temps de voir son titre, *Vie rêvée* – tout un programme – qu'elle lui demandait :

— Ton dîner s'est bien passé ?

— Super. Chiant mais super. On a enchaîné les appels avec Kenneth et finalisé le *deal.* La levée de fonds est OK, Bruno et Matthieu sont surexcités. On est allés fêter ça au Régina et au Meurice.

— Bravo !

Hortense se foutait des détails des fusions acquisitions de son mari comme de sa première paire de Louboutin, mais elle veillait au grain. Le rachat de SFR par Numéricable avait tellement mis Guillaume en vrac l'année précédente, qu'elle ne pouvait s'empêcher de l'interroger sur ses affaires, rassurée quand elle le voyait détendu, détendue quand elle le voyait rassuré, sans oublier que dividendes et bonus n'étaient pas négligeables. Convaincu que son vrai faux mensonge diplomatique était passé comme une lettre à la poste, Guillaume retrouva sa désinvolture habituelle en envoyant valser ses vêtements sur la méridienne de velours chocolat.

En rejoignant sa femme au lit, il aperçut le bandeau de son livre égaré dans un creux de la couette et le ramassa. Il reconnut le visage à demi éclairé du beau jeune homme, l'auteur de ce gracieux journal qu'il avait lu à sa parution, et dont l'intense regard de nouveau le fixait, le narguait du fond de ses années de bohème *seventies* rêvassées avec sa bande d'amis qu'il avait tant enviés…

Il avait envié leur légèreté, leur paresse, leurs journées passées à lire au pieu ou à faire l'amour avant d'aller dîner avec Yves et Betty, Helmut et Nico… Comme il avait envié leurs promenades poétiques dans les allées sablonneuses du jardin du Luxembourg, leurs après-midi de déambulations le long de la Seine, à fouiller les boîtes des bouquinistes ou à s'encapricer d'un objet chiné chez un antiquaire avant de rejoindre les chambres de bonne des uns et des autres où s'improvisaient leurs déguisements de fête…

Il avait envié que leur vie fût leur art et toutes les vodkas Campari qu'ils avaient bues à Venise, les cha-cha-chas qu'ils avaient dansés à Rome, les joints qu'ils avaient fumés à Marrakech, carrousel élégant habité par l'esprit d'enfance où ils avaient tourbillonné comme des toupies fouettées par leurs petites amoureuses… les Baba, les Marisa, les Paloma… sans oublier bien sûr celle qui rayonnait au centre de ce manège enchanté d'insouciance, l'exquise et gracile Loulou que Thadée, fou d'amour et de souffrance, avait fini par épouser…

Guillaume revint alors à cette idée qui le hantait, selon laquelle il était né trop tard pour connaître cette ère d'innocence qui signait la fin des Trente Glorieuses et du glamour. Et pourtant, il était trop fin pour ignorer que c'était là l'antienne que s'étaient répétée avant lui les jeunes oisifs de *Vie rêvée* qui, eux aussi, fantasmaient la *Café Society* ou les années 20 comme les contemporains de Fitzgerald avaient eu la nostalgie de la Belle Époque d'où l'on pouvait remonter ainsi, de palier en palier, jusqu'au Directoire et même à la Régence. Car, bien entendu, chaque génération était pétrie du sentiment d'être orpheline d'un âge d'or qui la précédait alors qu'il suffisait de recueillir les fruits de chaque instant heureux pour s'emparadiser et se rajeunir.

Excité par les émotions que ces dernières heures lui avaient dispensées, éperonné par la fringale de vivre et d'aimer, Guillaume attira Hortense dans son giron.

Il l'entourait à présent de ses bras tout en plongeant son visage dans ses cheveux dorés et son cou afin d'en respirer les notes ambrées.

Alors qu'il remontait la main sous la fine baptiste de sa chemise de nuit, il fut surpris que sa surprise laissât place à un engagement joueur qui s'électrisa jusqu'à la fougue la plus adorable. Baisers profonds redoublés, caresses intimes, mêlée tendre et crue d'une chorégraphie mille fois dansée, d'un chant mille fois entonné mais dans lesquels Guillaume retrouva, la joie au cœur, les courbes et les angles du corps familier que sa peau douce et son buisson d'humidité odorante lui rendaient absolument unique, absolument précieux. Ce corps, c'était celui de sa femme, une femme qui l'avait parfois lassé, agacé souvent, mais qu'il retrouvait chaque fois bouleversé, parce que après tout, et au-delà de l'horreur de ce pronom possessif, c'était la sienne, celle qu'il aimait toujours. *Son* Hortense à qui il faisait l'amour avec un abandon et une confiance qu'il n'avait plus éprouvés depuis longtemps, dans la sécurité et le bien-être du foyer confortable où dormaient leurs enfants.

Enfin je suis rentré, enfin je suis chez moi, semblaient dire les gestes et les spasmes de Guillaume, tandis qu'Hortense, heureuse, affichait le sourire du chat du Cheshire.

MINUIT BIS

Bousculée elle aussi par cette soirée si pleine d'émotions et de sentiments nouveaux, la fille en noir avait du mal à démêler le nœud d'impressions contradictoires qu'avait produit le retour inopiné du personnage de Fronsac dans son existence. Qu'est-ce qui lui avait pris de l'embrasser ainsi et de lui fourguer sa carte ? Le goût du jeu ? Probablement. L'envie de lancer les dés pour voir où ils tomberaient. Tu parles si elle se souvenait de leur baiser profond perdu dans les sables… Elle s'en souvenait comme si c'était hier. Et alors ? Le souvenir d'un bon moment. Qui n'avait pas prêté à conséquence. La faute aux circonstances. Ce n'était pas une raison pour l'avouer à Fronsac. Il était assez *dominant* comme ça, elle l'avait senti dès son arrivée sur le palier d'Ardisson.

Elle ne cessa pourtant de penser à lui durant son voyage en métro. Certes, il était encore mieux physiquement qu'elle ne l'aurait imaginé. Prenant soin de lui, discipliné, bien conservé quand tant d'hommes s'avachissent et bedonnent dès la quarantaine. À Sciences-Po, elle l'avait pourtant trouvé transparent. Son look sage, sa raie sur le côté à la Fillon, ses lectures attendues et ses notes toujours excellentes n'avaient rien de fascinant. Les mecs comme lui, même quand ils déposaient leurs parapluies au vestiaire de la Péniche, semblaient toujours les avoir avalés. Il s'était bien rattrapé depuis dans l'éclate. Épanoui dans l'excellence à la française où son intelligence et son ambition l'avaient propulsé sans efforts. Elle se demandait s'il avait connu de vrais malheurs hormis ses tracas conjugaux, hélas trop communs. D'accord, il était riche et puissant et connaissait du monde. *So what ?* Elle pensa alors à Nathan, farfadet plein d'humour qui était à Fronsac ce que le merle est au tigre. Nathan qu'elle aimait et avec qui elle vivait depuis presque autant d'années qu'elle n'avait revu Guillaume… Nathan à qui elle avait toujours dit que s'il lui arrivait un jour de tomber amoureuse d'un autre homme, amoureuse pour de bon, pour de vrai, amoureuse à en rendre leur vie commune détestable, elle se souhaiterait le courage de passer aux aveux et de le quitter. Un engagement qu'elle avait également exigé de lui et auquel il avait consenti. Quant au reste, qu'on l'appelle séduction, badinage, galanterie ou libertinage, jardin secret et *motus*, elle n'avait nulle envie de *tromper* – quel mot hideux – son mari. L'adultère dit « bourgeois » les dégoûtait.

Pour l'heure, la fille en noir ne s'imaginait pas, loin de là, amoureuse de Guillaume. Mais l'hypothèse de l'avoir séduit au point de jouer avec le feu lui plaisait. Deviendrait-il une flamme qui l'embraserait ? Ou une flammèche accouchant d'un feu de paille ? Elle brûlait de le découvrir bientôt. À condition qu'il ne jette pas sa carte à la poubelle…

Le trajet souterrain lui sembla d'une rapidité inédite. Descendue à la station Bastille à l'heure où le carrosse de Cendrillon redevient citrouille, elle retrouva de nuit, débarrassé des embouteillages et du charivari qui l'animaient d'ordinaire, le faubourg Saint-Antoine bien éteint.

Chassés par la spéculation immobilière qui avait transformé leur beau Marais encore populaire en enclave prétentieuse de la *hype* modeuse et *arty*, Nathan et elle y avaient emménagé douze ans plus tôt. Bien qu'il fût notoirement dépourvu de qualités architecturales, elle avait fini par s'habituer à ce quartier dont l'intérêt principal ne sautait pas aux yeux mais souvent à la mémoire dans ses recoins où s'étaient fomentées tant d'émeutes et de barricades. N'avait-il pas été surnommé le « Faubourg-de-Gloire », *cratère d'où s'échappa le plus souvent la lave révolutionnaire*, comme l'écrivait lyriquement son antique dico du Vieux Paris ? Visible de partout au-dessus des toits, l'envolée gracieuse du Génie de la Liberté et son joli petit cul doré nourrissaient tous les jours sa joie libertaire de circuler à vélo. Elle avait appris à aimer le dédale de ses ruelles, impasses et autres passages secrets par lesquels ses grandes artères se rejoignaient. De même qu'elle avait été enchantée de découvrir un jour, derrière une porte cochère anodine, le grand parc méconnu du couvent des Dames des Sacrés-Cœurs. Elle allait très souvent s'y promener, rapportant de ses ruches les pots d'un miel qu'elle trouvait « le plus chic de Paris ». Renfermant le petit cimetière de Picpus voué aux descendants des dernières victimes de la Terreur, ce parc abritait des tombeaux où défilaient les noms de tout l'armorial français. S'y trouvaient aussi, sur l'herbe verte, les traces des deux fosses communes abritant les restes du millier de guillotinés de juin à juillet 1794 sur la place du *Trône-Renversé*, devenue l'actuelle place de la Nation. Mais ce que la fille en noir préférait par-dessus tout, c'était la maison où elle vivait avec Nathan.

Logée au fond d'une cour pavée et fleurie dès le printemps, leur « cabane », comme ils l'appelaient, avait tous les avantages et les inconvénients de sa situation. En partie glaciale l'hiver, à cause de ses verrières verticales, et brûlante l'été en raison de son toit de zinc, le charme y voisinait avec la déglingue comme les fourmis avec les souris dont elle était infestée en toute saison. Les livres cachaient les fissures des murs, les tapis l'humidité des sols, mais on y entendait gazouiller les oiseaux dès l'aube. Une menuiserie voisine y propulsait copeaux et poussières, son entretien était un calvaire, mais ils l'avaient meublée d'un bric-à-brac en forme de cabinet de curiosités du pauvre qui en atténuait l'ingratitude.

Leurs amis, qu'elle dépaysait comme une campagne, aimaient venir y dîner et se chauffer aux grosses bûches qu'ils entreposaient dans un appentis extérieur et faisaient flamber, d'octobre à mai, dans la grande cheminée du salon. L'odeur du bois brûlé embaumait alors la ruelle, sensation délicieuse à quiconque poussait la porte cochère qui séparait cette petite thébaïde si paisible du tumulte extérieur de la ville, surtout les jours de manif République-Bastille-Nation.

Or, ce soir-là, le faubourg Saint-Antoine dormait à poings fermés et la cabane semblait sur le point de réveiller tout le voisinage. Sitôt le porche franchi, les halos de lumière ruisselant des verrières sur les pavés informèrent la fille en noir que le dîner était loin d'être terminé. Un brouhaha confus s'échappait des fenêtres ouvertes tandis qu'elle parcourait, à pas de loup, les vingt mètres qui la séparaient de l'entrée, l'oreille tendue pour mieux percevoir les bribes de conversation.

Elle capta le *pop* d'un bouchon de champagne qui sautait, des rires, puis les éclats de voix se firent de plus en plus nets. Elle s'immobilisa alors dans l'ombre, dissimulée par le rideau de la porte d'entrée…

— Pour un mec de gauche, t'as vraiment viré néoréac !

— C'est toujours mieux que dérailler dans la culpabilité postcoloniale, comme tous les antiracistes de la gauche morale…

— Ha, je vois, tu crois donc au Grand Remplacement comme cette ordure de Renaud Camus ?

— Je n'y crois pas, je constate des faits désagréables mais indiscutables.

— C'est pas toi qui soutenais naguère l'invasion de l'Irak ?

— Quel rapport ?

— Qui sème la tempête dans le désert récolte forcément la guerre…

— Tu parles comme Onfray !

— Et toi comme ce connard de Zemmour ! Ton islamophobie fait le jeu de l'extrême-droite !

— Et toi, tu cautionnes l'islamofascisme !

Elle reconnut les voix de Serge et Melchior, toujours à couteaux tirés quand il s'agissait des immigrés ou des « Français de culture musulmane ». Tout le monde avait l'habitude de leurs joutes et en rigolait.

À l'occasion des dîners de copains qui délassaient Nathan et sa femme de leurs journées passées en solitaires, la cabane était souvent le théâtre de ces échanges enflammés où l'outrance et la mauvaise foi étaient conseillées à qui voulait se faire entendre. Art, littérature, religion, politique, chaque sujet était prétexte à des dialogues animés, souvent solides et argumentés, mais dont il n'était pas rare qu'ils dégénèrassent en empoignades homériques où les noms d'oiseaux volaient. Lancées pour le plaisir de provoquer et de se défouler – surtout de la part de Nathan –, ces fusées mêlant l'humour à l'insulte ne prêtaient pas à conséquence, seulement à rire. Tenant davantage du jeu de rôles que d'une gravité sérieuse qui eût été très déplacée, ces soirées n'avaient d'ailleurs jamais vu personne se séparer fâché.

Profitant de l'accalmie qui avait suivi l'ultime réplique de Serge, la fille en noir poussa la porte vitrée, écarta le rideau d'un geste théâtral et fit son entrée directement dans la cuisine-salle à manger. Elle fut aussitôt accueillie par un rugissement de oh, de ah, mais t'étais où ? on a essayé de te joindre, tu ne répondais pas, on s'est inquiétés, tu sais ce qui s'est passé ?

Elle tomba des nues.

— Mais Nathan, tu sais bien que mon téléphone ne sonne pas ! De quoi vous parlez ? J'arrive en métro de la Concorde, je suis rentrée à pied de la Bastille…

Disant cela, elle faisait le tour de la table ovale pour embrasser ses amis. Outre Serge, accompagné de sa femme Inès, et Melchior venu en célibataire, étaient là Bernard et Mourad, deux vieux copains de Nathan qui s'étaient mariés cette année.

— Tu m'as appelé pour me dire que tu étais au Régina, tu étais bien là-bas ? demanda Nathan avec une pointe de suspicion.

— Mais oui, pourquoi ?

— Il paraît que le quartier est bouclé et la place des Pyramides ceinturée par des cordons de flics. Une rumeur d'attentat circule, une attaque ou une bombe, Serge a lu ça sur Twitter il y a quelques minutes…

— Et depuis, il s'engueule avec Melchior ! rigola Inès.

La fille en noir était abasourdie, elle avait du mal à lier sa soirée tranquille avec Guillaume à ce qu'ils lui disaient.

— C'est fou ce que vous racontez… Je suis passée deux fois à Pyramides il y a quatre heures, c'était le désert complet, après j'étais rue de Rivoli avec mon pote, on n'a rien vu ni entendu de spécial…

— Eh bien, t'as eu du pot parce que ce soir, c'est de nouveau le merdier ! railla Melchior.

Dans son bureau où elle se débarrassait de son manteau et de son sac, la fille en noir pensa à Guillaume et se demanda avec effroi ce qu'il serait advenu s'ils s'étaient trouvés au mauvais moment et au mauvais endroit ce soir. C'était la question que chacun se posait désormais. Une question plus ou moins ressassée selon le degré d'anxiété des individus mais que personne ne pouvait plus éviter. Elle imagina une rafale de *kalach* bousillant des piétons au Palais-Royal, une bombe éclatant dans le métro, à la Comédie-Française, au Louvre, des explosions aux Tuileries, ou mieux encore à la Concorde, pour faire mentir son nom.

Repensant aux rues qu'ils avaient empruntées à pied, son estomac se noua à l'idée qu'ils auraient pu y être tués.

Ou gravement blessés.

En tout cas profondément choqués.

Puis elle se dit que tous ces mots étaient très en-deçà du réel quand celui-ci explosait pour semer la mort et la désolation, le malheur et l'irréparable. Car ce qui pouvait être massacré, détruit, rasé de la surface de Paris aujourd'hui, c'étaient d'abord et surtout des êtres humains, mais aussi des biens culturels et des lieux patrimoniaux, tout ce qui signifiait l'humanité et la civilisation et n'était plus à l'abri.

Guillaume était-il au courant ?

Sûrement.

Avait-il des infos plus précises que le *vulgum pecus* ?

Évidemment, avec tous ses contacts hauts placés dans l'appareil d'État…

Elle avait très envie de l'appeler mais n'osa pas. Puis elle se calma. L'idée de ce péril potentiel couru en sa compagnie une heure plus tôt lui apparut alors comme l'annonciation voilée d'une complicité renforcée.

Ses amis avaient tous la tête penchée sur leurs smartphones et tapotaient nerveusement sur leurs écrans à la recherche d'informations plus détaillées. Sporadiquement, une bouche s'ouvrait pour dire *qu'un riverain aurait aperçu deux individus suspects…* Une autre égrenait les mots *périmètre de sécurité* ou *déminage…* À la suite de quoi, chacune faisait silence, tandis que les doigts poursuivaient leur quête frénétique sur les rectangles lumineux.

Assommée par la nouvelle, crevée par tous les kilomètres à pied engloutis dans sa journée, la fille en noir proposa une tisane à l'assemblée mais personne ne répondit. Contempler ce chœur mutique, où chacun ne se souciait soudain plus de son voisin, lui rappela la scène vécue un an plus tôt avec Nathan, la nuit des attentats des terrasses et du Bataclan.

Dînant ce soir-là quai de Jemmapes chez des amis, ils avaient d'abord entendu au loin des détonations répétées qui ne correspondaient à aucun son connu puis, quelques minutes plus tard, juste en contrebas de l'immeuble, une suite d'explosions mates extrêmement puissantes dont ils avaient fini par se dire qu'elles ressemblaient à un bruit d'arme automatique. Ils avaient tout de suite pensé à un règlement de comptes entre voyous, un caïd mitraillé à la corse ou à la marseillaise, jusqu'à ce que le vacarme assourdissant des sirènes de police, des ambulances et des pompiers, les fasse se jeter sur leurs portables et saisir l'horreur en cours.

Nathan se resservait de la mousse au chocolat et continuait tranquillement à vider son verre, heureux de revoir sa femme saine et sauve qui s'affairait dans la cuisine. Partout y régnait un foutoir extraordinaire, rançon de son glorieux passage aux fourneaux.

« Alors, vous avez du nouveau ? demandait-il à ses copains, on peut mettre France Info si vous voulez… » Et sans attendre de réponse ni quitter sa chaise, il appuya sur le bouton du transistor qui trônait sur la desserte. Tous les visages se relevèrent, l'air inquiets, pleins d'interrogations. Ils n'eurent pas à attendre longtemps pour tomber sur le jingle du flash, les titres, puis la voix du journaliste déclarant qu'effectivement, *tard dans la soirée, suite à plusieurs appels anonymes reçus par la police qui ont annoncé une attaque ou une explosion possible dans le quartier Louvre-Rivoli, des dizaines de policiers, gendarmes, militaires ont été déployés peu après minuit dans le secteur, très rapidement bouclé. Tout s'est passé selon la procédure en vigueur*, déclarait le porte-parole du ministère de l'Intérieur, qui affirmait martialement *la situation est sous contrôle, le Service Interministériel de Défense et de la Protection Civile a saisi le Centre Opérationnel de Gestion Interministérielle de Crise pour dépêcher la brigade de déminage territorialement compétente. Nous nous félicitons*, concluait-il, *que l'action des forces de sécurité se déploie dans les meilleures conditions possibles.*

Suivait l'interview d'un habitant de la place des Pyramides qui déclarait avoir aperçu de son balcon, alors qu'il secouait les miettes d'une nappe, *deux individus bizarres qui semblaient examiner la statue de Jeanne d'Arc.*

Voyant débarquer ensuite des escouades de policiers, il était descendu pour témoigner, mais un flic armé posté devant l'hôtel Régina l'avait rembarré en lui demandant de rentrer chez lui. C'était tout. Si plusieurs questions demeuraient en suspens quant à cette alerte et l'opération anti-terroriste en cours, on n'en savait pas plus pour le moment. Alors que le flash enchaînait sur la situation en Syrie, Nathan éteignit la radio.

La bouilloire siffla.

Tous se remirent à parler, très énervés.

— Si ça se trouve, c'est bidon comme la dernière fois, quand ils ont bouclé les Halles suite à la rumeur d'une prise d'otages, hasardait Mourad, Algérien né en France, pas religieux pour un sou, qui depuis deux ans en avait marre de se faire chambrer chaque fois que la terreur s'abattait sur la France.

— Bidon ou pas, ça craint, ces chiens salafistes n'ont pas fini de nous pourrir la vie, ça n'arrête pas, on en a encore pour trente ans, lui répondit Melchior, sociologue de gauche devenu néo-conservateur qui, alerté sur l'islamisme bien avant l'affaire Merah, avait longtemps enduré les fureurs des autres le traitant de suppôt du FN. Il n'était pas peu satisfait de constater qu'il avait fallu moins de deux ans pour que son diagnostic devienne majoritaire.

— Qui vous dit que des musulmans sont dans le coup ? protesta Bernard, militant socialiste devenu mélenchoniste. Si la statue de Jeanne d'Arc est visée, reprit-il, c'est peut-être une opération anti-FN venue de l'extrême-gauche ?

— C'est sûr que ces abrutis de djihadistes ne sont pas assez fins pour savoir qu'elle n'appartient pas qu'au FN ! persifla Melchior, toujours content de prendre un lecteur de *Médiapart* en flagrant délit d'hémiplégie politique.

— En tout cas, si c'est elle qui est visée par les islamistes, rétorqua Nathan, la cible est bien trouvée : guerrière de la Chrétienté et sainte, la Pucelle n'est pas seulement femme, elle est *kouffar* !

— Et pourquoi ce serait pas un micmac du FN lui-même pour rafler le deuxième tour des présidentielles ? osa Inès qui jusque-là était demeurée silencieuse.

— Marre de la voir confisquée par l'extrême-droite ! s'exclama son mari. Elle représente toute la France et tous les Français, point barre.

— Ouais, Mitterrand l'a honorée, tout comme Chirac, Ségolène, Sarkozy, Fabius et Macron, précisa Mourad.

— Pétain et de Gaulle aussi, ajouta Inès.

Épuisée, la fille en noir s'était effondrée sur un canapé situé entre la cheminée et la table où elle avait déposé tasses et théière. Discuter de Jeanne d'Arc était au-dessus de ses forces. D'autant que cette auberge espagnole où, depuis deux siècles, chaque camp avait fait son nid, l'ennuyait.

Le mythe avait obscurci la vérité historique au point de faire de la sainte laïque un oxymore sur pattes : de droite, de gauche, socialiste, nationaliste, monarchiste, anti-juive, républicaine, anti-cléricale, catholique... Ce kaléidoscope idéologique avait de quoi mettre tout le monde d'accord. Sur le sujet, elle votait Voltaire, et plus encore Claudel qui avait vomi les discours patriotiques et les homélies dévotes de tous les bien-pensants. Ardente et gouailleuse, capable de se battre comme un homme, Jeanne la pure avait été envoyée au bûcher par l'Eglise avec l'accord implicite de son roi, *point barre* !

Pelotonnée au coin du feu, sirotant sa tisane, la fille en noir remâchait les informations entendues sur France Info qui se télescopaient avec l'image de la place des Pyramides, si déserte et tranquille. Elle se prit alors à imaginer le dynamitage du monument doré, de cette petite statue de femme moulée grandeur nature comme son cheval. Rien n'était plus facile et rapide que de la foutre en l'air : une charge bien placée par un *loup solitaire*, ni vu ni connu, et *boum* ! Ou alors, plus spectaculaire encore, un type cagoulé à l'arrière d'un pick-up muni d'un lance-roquette, un RPG de type soviétique ou un bazooka à trois cents euros acheté sur le Net, quelques secondes seulement pour viser, tirer, tout déchiqueter dans une explosion assourdissante, un blast à faire trembler les murailles, une grêle de métal chauffée à blanc, fragmentée dans l'armure comme dans les flancs du bronze creux qui éclatent, se propulsent en mitraille, volent en tous sens, traversent les vitres pulvérisées par l'onde de choc, les pare-brise des bagnoles aux carrosseries plombées par le shrapnel, avant de laisser retomber leurs fragments d'or dans une pluie d'étoiles sur la chaussée…

La fille en noir se repassa cette séquence où la terreur avait sa splendeur, version contemporaine de l'ancienne beauté des ruines abondamment glosée lors de la destruction des tours de New York, vues et revues par certains comme un opéra de violence grandiose. Puis elle s'arrêta sur l'image pour contempler la chaussée jonchée de débris métalliques tordus, ainsi que le socle de granit rose évidé où ne demeuraient plus, fichés dans le prolongement des sabots, que deux jarrets à demi déchiquetés. Sur le balcon du premier étage du Régina, gisait un reste fumant du bras armé de Jeanne, tandis que sur le trottoir opposé, un morceau de sa jambière reposait comme une sculpture abstraite. Haché menu comme du bois d'allumettes, son étendard avait disparu. Tout comme sa tête protégée d'un heaume qui avait peut-être été décapitée avant de se dissoudre dans la brutalité de l'impact. Une odeur âcre de poudre flottait sur cette désolation noircie mais le plus frappant, s'imaginait-elle, aurait été le silence, le lourd silence de mort qui pesait sur cette scène au goût de cendres et de déjà vu.

C'est alors qu'elle repensa à Guillaume en compagnie duquel elle aurait pu assister à cette scène si elle avait eu lieu, Guillaume qui devait à présent être rentré chez lui… Elle l'imagina dans son appartement, sûrement cossu et bien entretenu, et se demanda s'il avait trouvé sa carte de visite. Bien sûr, qu'il l'avait trouvée. Elle aurait donné cher pour savoir ce qu'il en avait pensé. S'il l'avait jugée présomptueuse ou culottée, joueuse ou flirteuse… Peut-être tout ça à la fois ?

Pendant ce temps, la conversation faisait rage dans la cabane. S'y fracassaient les noms d'*Edwy Plenel, Élisabeth Lévy* et *Finkielkraut* dégommés dans un chamboule-tout de fête foraine, à l'image du pays devenu lui-même une pétaudière, un patchwork d'intérêts catégoriels, une lessiveuse d'opinions excessivement polarisées où chaque velléité de nuance était piétinée. Rongés par la gangrène du narcissisme médiatique et l'obsession des parts de marché, chacun y faisait sans répit la guerre à tous les autres.

Les gros comme les petits.

Ceux d'en haut comme ceux d'en bas.

Les notables et ceux qui aspiraient à l'être ou à *en* être.

On ne refaisait plus le monde, on le détruisait. Comme la trame du temps que l'instantanéité numérique avait déflagrée, notamment à travers les réseaux sociaux pris en compte et considération par tout un chacun.

Instruments de *selfication* d'avis disparates, ils assignaient leurs émetteurs à des clans, des ligues, des sphères aussi prévisibles qu'imperméables les unes aux autres depuis que les marchands d'algorithmes façonnaient leurs *niches*. Venant d'un *camp*, chaque énoncé était *criminalisé* par celui d'en face. Quelques minutes suffisaient pour atteindre le *point Godwin*. La *reductio ad Hitlerum* proliférait. Tous ces vocables donnaient la mesure de la dévastation endurée.

Pour quelques interventions pertinentes ici ou là, d'emblée mort-nées car noyées dans la formidable foire d'empoigne des *tweets* et des *posts*, combien de bêtises, de vasouillages, d'approximations, de pensées bancales et de malignités ? Quant à l'effroyable vortex qui en résultait, il ressemblait à l'Enfer décrit par Dante : *Un gouffre de destruction qui allait toujours engloutissant et ne rendait jamais ce qu'il avait englouti…*

S'il lui arrivait de parler politique pour ne pas s'exclure des conversations, la fille en noir n'ignorait pas qu'il s'agissait d'exercices purement mimétiques, chacun faisant *comme si* il était à la place du chef, en position de décider alors qu'il n'en était rien.

En outre, les *décideurs*, justement, lui semblaient beaucoup plus agis qu'agissants, plus objets que sujets, jouets ou marionnettes d'une puissance d'arrachement métaphysique qui les dépassait autant qu'ils l'ignoraient. Depuis longtemps convaincue de la déprise humaine sur la défaisance du monde, elle ne leur imaginait qu'un pouvoir d'action résiduel, à la marge de l'essentiel, qui pouvait bien sûr s'avérer d'une valeur précieuse en cas de guerre ou de crise grave, mais c'était rare. Du reste, il y fallait une vision et un courage dont la majorité d'entre eux était dépourvue. Ainsi qu'une volonté qui, par un effet pervers, consolidait spirituellement la malfaisance générale en se durcissant.

De tout cela, elle n'avait jamais réussi, hélas, à convaincre Nathan. D'un idéalisme aussi lyrique que flamboyant, il continuait de souffrir à cause de la politique et d'y croire. Sa foi était sa fidélité autant que son talisman et c'était pareil en amour. Cette fixité quasi fanatique était la qualité et le défaut de ce monogame passionné en tout. Mais autant elle surcotait la valeur de ses sentiments, autant elle se démonétisait sur le marché de la *realpolitik*.

Occupée à rassembler les tisons dans l'âtre pour relancer les langues de feu entre deux gorgées de tisane, la fille en noir écoutait ses amis s'empoigner. Plus qu'à un duel, leurs échanges ressemblaient à du ping-pong ou du tennis. Balles longues, balles longues, droite gauche en mouvement d'essuie-glace, puis hop, *passing shot* de la mort ou alors balle courte, montée au filet et volée gagnante.

Elle entendait Inès engueuler Nathan : « Tu retardes, on ne se prétend plus "de gauche", le clivage droite-gauche est complètement dépassé…

Nathan : Ceux qui l'affirment sont toujours de droite.

Bernard : Comme Macron et DSK, paix à ses couilles…

Melchior : Je vous rappelle que le premier à avoir dit *ni droite, ni gauche, français,* c'est Jean-Marie Le Pen…

Mourad : C'était pas de Gaulle ?

Inès : Vous aurez beau dire, après ce quinquennat de cauchemar, je le regrette encore, DSK…

Bernard : Ce représentant néo-libéral des élites mondialisées obsédé par le fric ?

Melchior : Tu dis ça parce qu'il est juif ?

Bernard : Bien sûr que non, c'est toi qui le soulignes…

Melchior : C'est bon, je retire, mais tu ne m'enlèveras pas de la pensée que tes potes d'extrême gauche antisionistes qui assimilent le capitalisme aux États-Unis et les juifs à Israël sont les nouveaux antisémites…

Nathan : Ils ont tort, et c'est un juif qui te le dit, mais tu avoueras que DSK n'a jamais été vraiment de gauche.

Serge : Ni de droite !

Mourad : Et pour cause puisqu'il préconisait une *troisième voie* !

Nathan : Ben voyons, toujours cette obsession du Blair français introuvable depuis trente ans…

Inès : Et pourquoi pas, puisqu'il faut opposer de manière transversale conservatisme et progressisme, archaïsme et modernité ?

Nathan : Vous feriez mieux de relire Orwell pour qui *la vraie distinction ne réside pas entre conservateurs et révolutionnaires, mais entre autoritaires et libertaires.* »

La fille en noir ne put s'empêcher de trouver le smash de son mari éblouissant, tout en se demandant, du point de vue orwellien, quel candidat serait éligible à la prochaine présidentielle…

Engourdie par la chaleur du feu, elle somnolait tandis qu'autour de la table de bois blond ses amis reprenaient du poil de la bête. Après s'être bien écharpés sur les candidats, ils relançaient les questions qui fâchent.

Bernard : Parce que vous trouvez que le règne déchaîné de la finance, c'est le progrès moderne ?

Serge : En tout cas, c'est le développement et l'accession à la classe moyenne d'un milliard d'individus qui vivotaient dans l'extrême pauvreté ou la misère il y a encore vingt ans. Pour des amis des peuples opprimés, vous êtes nuls ! C'est nous les libéraux qui sommes les vrais internationalistes aujourd'hui ! Y en a marre de vous entendre taper tout le temps sur la mondialisation…

Bernard : Tant que les *solfériniens* préféreront plaire au *Financial Times* plutôt qu'à leur électorat, on ne s'en sortira pas…

Serge : Je préfère l'*über*-richesse obscène de quelques-uns à la pauvreté pour tous.

Nathan : Ce qui fait de toi un toutou des chiens de garde imposant cette folle politique qui désespère les peuples ! Où est la souveraineté ? Où est la démocratie ? On a voté non en 2005, je te rappelle…

Inès et Serge (en chœur) : Parle pour toi !

Bernard : Il a raison, honte au traité de Lisbonne, le seul clivage qui fasse sens oppose désormais le peuple à l'*establishment* et pas qu'en France…

Inès et Serge (en chœur) : Populiste !

Melchior : Vous me faites marrer, OK, l'oligarchie *versus* le peuple, mais c'est qui le peuple ?

Nathan et Bernard (en chœur) : C'est nous !

Melchior : Vous le confondez avec la majorité qui n'est qu'une fiction d'unanimité parce qu'une fois votée, la loi vaut pour tous. Le peuple en soi n'existe pas, c'est toujours une construction politique.

Mourad : Comme les élites qui ne sont pas plus nuisibles en soi que le peuple est bon…

Melchior : Ce que ces pauvres agités de *Nuit Debout* n'ont pas compris…

Nathan : Arrêtez vos délires, le peuple est peut-être « à venir » mais les mêmes élites politico-administratives et financières sont là depuis trente ans et ont failli…

Bernard : Qu'ils s'en aillent tous !

Nathan : En attendant, le candidat socialiste ne sera peut-être pas au deuxième tour !

Serge : Et Fillon peut ressembler au Balladur de 1995 !

Inès : Et Macron au VGE de 1974 !

Mourad : Vous lisez trop *Le Monde*, les amis, revenons plutôt aux fondamentaux : le FN contre tous les autres. Marine a beau n'avoir plus besoin de faire campagne tant elle est installée dans le dur de son électorat et dans les sondages, ces derniers ne sont plus fiables, rien ne se passe plus comme prévu…

Et c'était reparti… Sur le Brexit et l'élection de Donald Trump. Le « Parti des médias » et la « post-vérité ». Mais aussi sur « la politique *vraiment de droite* que fera la droite revenue aux affaires, qui montrera alors que cette *gauche droitière* était quand même la gauche ». Tout le monde avait à la fois tort et raison mais dans le désordre.

Y croyait et n'en voulait plus.

Songeait à s'abstenir mais voterait quand même.

Jouait aux billard à trois bandes et causait stratégie.

Moins pour choisir que refuser.

Et ensuite ?

Voteraient pour le *candidat le plus révolutionnaire mais républicain.*

Ou alors blanc.

Et dans des proportions peut-être inimaginables jusqu'alors.

Bref, pas de quoi pavoiser.

La fille en noir, qui ne s'exemptait pas de ces errements, repensa encore à Guillaume sur le mode *Fronsac*. Se remémorant sa carrière et tout ce qu'il lui en avait confié, elle le vit comme une sorte de Frank Underwood tricolore qui aurait eu de l'avenir dans le scénario puisqu'il était spécialiste de Machiavel et avait passé sa vie à en échafauder dans la réalité.

Après tout, depuis longtemps dressés par la communication au *storytelling*, jamais les gens n'avaient autant regardé de séries politiques, histoire d'être au parfum sur toutes-ces-choses-qu'on-leur-cachait. Ces feuilletons cyniques à souhait : *West Wing*, *Borgen*, *House of Cards*, *Game of Thrones*... n'avaient-ils pas pour fonction de révéler tout autant la terreur, la violence, le mensonge et l'affairisme tapis dans les coulisses du pouvoir, que d'exorciser le sentiment d'impuissance général des citoyens vivant sous des régimes qui, même démocratiques, prenaient tant de soin à les dissimuler ? Ces derniers étaient toujours les dindons de la farce, soit. Mais au moins ils savaient pourquoi. Et comment. Avant d'en redemander. De redemander à la fiction de prendre la mesure de ce réel tortueux qu'ils voulaient à la fois comprendre et étaient fatigués d'assumer. Sauf quand il virait au spectacle pour exciter leur voyeurisme, la réalité renvoyant alors les meilleures séries au tapis. Mêlant cul, fric et coups bas, quel citoyen ne s'était pas pourléché devant les *saisons* successives des affaires DSK, Cahuzac ou Sarkozy en salivant sur leurs *cliffhangers* ?

Elle se demandait ce qu'aurait dit Guillaume si elle l'avait ramené boire un verre parmi eux. Comment il aurait réagi à ce cocktail d'invectives et d'arguments rebattus. Aurait-il participé à l'empoignade générale ? Pensé que seuls les imbéciles tiennent à leurs opinions ? Ri de leur naïveté comme de leur désir d'avoir encore un peu, oui juste encore un peu monsieur le bourreau… prise sur leur destin ? Aurait-il pensé que tous ces propos tenaient du café du commerce où radotaient les mêmes scies ? Les mêmes dialogues de sourds ?

Il était plus de deux heures du matin. La fille en noir ne rêvait plus qu'à son lit mais ne voulait pas forcer la troupe au départ en prenant congé. Elle prétexta donc un livre à leur montrer, monta dans sa chambre à l'étage, s'y déshabilla et se glissa avec bonheur sous la couette. De son lit, abandonnée au plaisir de la détente et bientôt du sommeil, elle entendait encore le son des voix qui venaient du rez-de-chaussée. Redevenue l'enfant qui aimait jadis s'endormir au milieu des conversations d'adultes, elle se sentit sécurisée par la présence de ses amis dont elle n'aurait bientôt plus conscience tout en se sachant enveloppée d'elle.

Une dernière fois, elle entendit les raclements des chaises et le jingle de la radio qu'ils avaient rallumée pour savoir s'il y avait du nouveau sur le possible attentat. Allongée sur le flanc, la tête enfoncée dans l'oreiller frais, elle supposait davantage qu'elle ne les comprenait les échanges venus d'en bas. Aucun de ses amis n'avait eu l'air de remarquer sa désertion. Personne ne la réclamait. Elle avait réussi son coup. Un coup toujours gagnant. Qu'elle avait joué bien souvent et dont elle se dit en fermant les paupières qu'il aurait sans doute de plus en plus d'avenir.

Alors que tout s'évanouissait dans une sorte de *fading*, elle glissa de l'extérieur à l'intérieur de son corps. Livrée au flux de conscience où se télescopaient tous les événements de la journée, son esprit était agité par leur suite d'images tressautantes. Puis elle se fixa de nouveau sur celle de Guillaume, qui les surpassait toutes. Elle le revit mutin chez Ardisson, vif et gai dans la voiture, cynique au Régina, mystérieux dans la rue des Pyramides, plus détendu et complice au Meurice, inquiet à la Concorde…

Elle le revit fumer et rire, l'entendit de nouveau lui parler, se confier, monologuer, tour à tour ému et sûr de lui, amical et ambigu, vibrant et nerveux sur la basse continue de sa voix sourde.

Elle n'avait pas seulement marché de longs kilomètres mais effectué, le long d'un axe géographique identique, au fil des heures enroulées sur le cadran, un aller-retour dans le passé qui ressemblait à un drôle de voyage circulaire.

D'abord seule, puis ramenée sur ses pas au bras d'un fantôme qui s'était réincarné. Elle en avait davantage appris sur lui en quelques heures que durant les trois ou quatre années où elle l'avait jadis cotoyé.

S'agissait-il du même Guillaume ?

D'un autre ?

D'un homme à la fois semblable et différent comme tous ceux qui ont assez de bouteille pour se retourner sur le chemin parcouru ?

Il avait caché son jeu durant des années, puis s'était propulsé vers les sommets d'où il méditait peut-être ce qu'aurait pu être sa vie s'il avait fait d'autres choix, d'autres rencontres. Quelle était la part de hasard dans son destin ? Il s'était donné les moyens de suivre son désir, qui avait rencontré sa vocation. Exactement comme la fille en noir qui gambergeait maintenant entre deux eaux, celles des deux époques où elle l'avait connu, dans une brassée de souvenirs qui, mêlés aux songeries éveillées du présent, finissent parfois par imprimer leur contenu aux rêves ultérieurs.

Juste avant de sombrer dans le sommeil, elle fut saisie par une pensée. Et s'il lui avait déjà envoyé un sms ? Comme tous les soirs, elle avait laissé son portable dans son bureau et ne pouvait donc pas s'en assurer. Avait-il bipé ? Nathan l'avait-il entendu ? Si elle n'avait jamais pensé qu'il puisse consulter son téléphone à son insu, elle se laissa néanmoins torturer un moment par l'hypothèse inverse. Puis, la confiance l'emportant sur ces soupçons absurdes, ses paupières s'alourdirent et elle s'endormit.

Plus tard, à une heure indéterminée, sans doute très tard dans la nuit et peut-être même à l'aube, le craquement des marches de l'escalier la tira de ses rêves. Après avoir deviné la silhouette de Nathan qui progressait dans l'obscurité pour faire le tour du lit avant d'ôter son peignoir, elle sentit son corps chaud coulisser en cuiller contre le sien, et la brise de son souffle réchauffer sa nuque.

Elle respirait le parfum boisé du bras qui lui avait enserré le buste, quand elle l'entendit murmurer :

— Tu dors ?

— Non puisque tu me réveilles.
— Tu es fatiguée ?
— Très.
— C'était réussi, non ?
— Formidable.
— À quoi tu penses ?
— À tout ce qui s'est passé ou aurait pu se passer ce soir… Vous avez eu du nouveau sur l'attaque ?
— Rien de plus que ce qu'on a entendu toute la soirée… Mais toi, tu me raconteras ta soirée avec ton Guillaume de la rue Saint-Guillaume ?
— Promis, mais demain.
— Tu vas le revoir ?
— Peut-être.
— Tu me le présenteras ?
— Pas sûr.
— Pourquoi ?
— Il représente tout ce que tu détestes, même s'il n'est pas détestable.
— Il est intéressant au moins ?
— Plus que je ne pensais, on a toujours des préjugés.
— Alors on verra, si tu me le présentes… Dors bien…

— Oui…

— Et fais de beaux rêves, puisque Chateaubriand a dit que les Français veulent être menés par eux…

— Ça leur a parfois réussi.

— C'était il y a très longtemps…

— Alors il faut recommencer à y croire.

— À quoi ? aux Français ou aux rêves ?

— Aux deux.

Pendant ce temps, le texto de Guillaume Fronsac s'était effectivement affiché sur l'écran du téléphone de la fille en noir qui le découvrirait le lendemain. Ne l'ayant pas entendu, Nathan n'avait pas eu l'esprit troublé ni la tentation de le lire avant de se coucher.

Tout était bien.

Demain serait un autre jour.

Un jour qui annoncerait que l'alerte attentat de la veille n'était qu'un canular et donnerait sûrement des idées à la fille en noir.

Celle, bien sûr, de se lancer dans une romance.

Ou peut-être, mieux encore, dans un roman ?

Cet ouvrage a été imprimé
par GRAFICA VENETA
pour le compte des éditions Grasset
en janvier 2017

Mise en pages
PCA 44400 Rezé

PAPIER À BASE DE
FIBRES CERTIFIÉES

Grasset s'engage pour
l'environnement en réduisant
l'empreinte carbone de ses livres.
Celle de cet exemplaire est de :
650 g éq. CO_2
Rendez-vous sur
www.grasset-durable.fr

n° d'édition : 19724
Dépôt légal : janvier 2017
Imprimé en Italie